NAPOLÉON
ET LES
CARDINAUX NOIRS

(1810-1814)

PAR

M. GEOFFROY DE GRANDMAISON

PARIS

LIBRAIRIE ACADÉMIQUE DIDIER

PERRIN ET Cie, LIBRAIRES-ÉDITEURS

35, QUAI DES GRANDS-AUGUSTINS, 35

—

1895

Tous droits réservés

NAPOLÉON

ET LES

CARDINAUX NOIRS

DU MÊME AUTEUR :

La Congrégation (1801-1830). Préface du *comte Albert de Mun* (2ᵉ *édition*). 1 vol. in-8. (Librairie Plon.)

L'Ambassade Française en Espagne pendant la Révolution (1789-1804). 1 vol. in-8. (Librairie Plon.)

Un Curé d'autrefois. *L'abbé de Talhouët* (1737-1802). 1 vol. in-12. (Librairie Poussielgue.)

EN PRÉPARATION :

L'Espagne et Napoléon (1804-1814).

NAPOLÉON

ET LES

CARDINAUX NOIRS

(1810-1814)

PAR

M. GEOFFROY DE GRANDMAISON

PARIS

LIBRAIRIE ACADÉMIQUE DIDIER

PERRIN ET Cie, LIBRAIRES-ÉDITEURS

35, QUAI DES GRANDS-AUGUSTINS, 35

―

1895

Tous droits réservés

AVANT-PROPOS

L'histoire désigne sous le nom de *Cardinaux noirs* les membres du Sacré Collège qui, par scrupule de conscience et par respect des lois ecclésiastiques, s'abstinrent, le 2 avril 1810, d'assister à la cérémonie religieuse du mariage de Napoléon avec l'archiduchesse Marie-Louise.

Dans sa colère, l'empereur exila ces treize prélats, confisqua leurs biens, saisit leurs revenus, supprima leurs traitements, et leur interdit de porter les marques de la dignité cardinalice. Des vêtements noirs, au lieu de la soutane, du chapeau, de la barrette et des bas rouges : tels sont l'origine et le motif de cette appellation.

C'est, parmi les épisodes de la politique antireligieuse du premier empire, l'un des plus caractéristiques.

Par ses conséquences, plus encore que dans son principe, il fut d'une importance que ne soupçonnaient pas les acteurs du drame eux-mêmes.

Enfin, il est fort peu connu.

Trois raisons qui m'ont engagé à étudier de près cette page d'histoire contemporaine, à recueillir çà et là les éléments épars chez les rares auteurs dont l'attention avait été attirée sur ce point, à suivre les prélats dans leur exil et à mettre en œuvre les documents inédits que j'avais entre les mains.

La proscription des Cardinaux noirs fut la goutte d'eau qui fit déborder le vase de l'indignation ; elle engagea les catholiques de

France dans une voie de résistance qui n'était ni sans mérite ni sans danger ; l'excès de ces violences leur ouvrit les yeux ; chez beaucoup tombèrent les illusions qu'avait fait naître la gloire des armes, et ce premier groupement, en leur permettant de se compter, fut le point initial des « œuvres » dont notre siècle peut être justement fier.

L'aspostolat laïque, si légitime, si utile et si fécond, que des circonstances nouvelles ont créé et qui, depuis, vont se développant, date de ces jours d'alarmes. Un lien de famille nous unit étroitement à ces devanciers dont nous devons garder la mémoire avec respect, car l'apostolat se compose d'une série de générations où les nouveaux venus bénéficient des travaux de leurs ancêtres et profitent de leur héritage. Dieu, qui est un rémunérateur fidèle envers ceux qui le servent, a voulu que quiconque a semé dans le champ du dévouement, soit assuré de jouir du résultat de son travail et de partager la gloire de celui qui moissonne : *Ut et qui seminat, simul gaudeat, et qui metit.*

Au reste, le moindre trait des violences contre l'Église porte avec soi son enseignement : l'éternel mécompte des persécuteurs, dont le front se vient briser contre le mur du sanctuaire, n'est jamais inutile à rappeler aux aveugles pour qui tant de leçons demeurent sans profit. Aux catholiques, il est bon encore de présenter l'exemple de leurs aînés, afin que de plus en plus ils s'affermissent dans la confiance de leur force, la persuasion de leur bon droit, l'audace de leur espérance.

G. DE G.

NAPOLÉON
ET LES
CARDINAUX NOIRS
(1810-1814)

CHAPITRE PREMIER

LE DIVORCE

L'hérédité de l'Empire. — Les princesses nubiles. — La théologie de l'Empereur. — Le divorce. — Les sentences des officialités. — Casuistique autrichienne.

Bonaparte avait fait preuve d'esprit en répondant aux magistrats de Trévise qui lui présentaient quelques vieux parchemins où se lisait le nom de sa famille: « Ma noblesse date de Montenotte et de Lodi. » Peu à peu ses idées se modifièrent sur l'avantage de posséder des ancêtres et il avait expérimenté, dans l'usage de la souveraineté, que l'hérédité est sa plus grande force.

Cette force lui ayant manqué, il prétendit du moins l'assurer à son œuvre et apporter la consécration du temps aux créations de sa volonté. L'adulation de ses contemporains n'avait plus de louanges à lui offrir ; il voulut fixer encore celles de la postérité en égalant sa prévoyance à son génie. Se survivre, c'est vivre deux fois ; assurer l'avenir est une sagesse : faudrait-il dire un jour que cette habileté suprême avait manqué à Napoléon ?

Quelle folie, en effet, d'avoir amassé tant de royaumes, pour ne laisser après soi que la confusion et le démembrement ! L'exemple du partage de l'empire d'Alexandre hantait ses rêves, et il n'y avait pas jusqu'à l'incapacité jalouse de ses frères qui ne vînt amèrement nourrir ses craintes.

Volontiers, dans l'intimité, il s'épanchait sur la personnalité de sa puissance et il sentait qu'après lui tout croulerait. Pour garantir même l'obéissance présente, il fallait habituer le monde à la pensée que l'empire survivrait à l'empereur. Il est mauvais de laisser voir aux foules que tout est suspendu à la vie d'un seul, qu'un hasard de guerre, une balle égarée, le faux pas d'un cheval peuvent découronner l'édifice en brisant la clef de voûte; et, quand on groupe quatre-vingts millions d'hommes sous un sceptre de fer, c'est tenter les audacieux de ne leur laisser qu'un anneau à briser pour rompre la chaîne qui lie tant de peuples. Un voile eût-il jamais couvert les yeux de l'empereur, le poignard du protestant Staaps venait de le déchirer.

L'héritier de l'empire! Ces mots flamboyaient sans cesse au regard de Napoléon.

Dès lors, le malheur de Joséphine fut résolu. Pour ne rien omettre, il voulut que ce fils désiré, tenant de son père la gloire, reçût de sa mère la race, et son œil se fixa sur les vieilles lignées royales d'Europe. Il leur avait pris trésors, sujets, provinces ; il n'y avait plus que leur parenté qu'il n'eût pas conquise.

Un tableau des princesses nubiles, dressé par son ordre en 1807, indique qu'à cette époque sa décision de divorcer était déjà prise [1]. Après les succès de Wagram, il n'hésitait plus ; il brusqua même le dénouement, et, le 15 décembre 1809, au palais des Tuileries, une imposante cérémonie, organisée avec la mise en scène la plus savante, consomma le sacrifice : Napoléon et Joséphine, de leur mutuel consentement, rompaient les

---

[1] Cette pièce, qui est aux Archives nationales, contient dix-huit noms :
MAISONS CATHOLIQUES : *Autriche* : Marie-Louise (16 ans); Marie-Louise-Béatrix (17 ans); — *Saxe :* Marie-Auguste (25 ans); Marie-Amélie (13 ans); — *Bavière :* Charlotte (15 ans); — *Espagne :* Marie-Isabelle (18 ans); — *Hesse* : Léopoldine (20 ans); — *Portugal :* Marie-Thérèse (14 ans).
MAISONS NON CATHOLIQUES : *Russie* : Catherine (19 ans); Anne (12 ans); — *Saxe :* Amélie (15 ans); Thérèse (15 ans); Sophie (29 ans); Caroline (21 ans); — *Anhalt :* Amélie (14 ans); — *Danemark :* Caroline (14 ans); Julie (19 ans); Louise (18 ans).

liens civils qui les unissaient depuis treize ans.

C'était bien ; ce n'était pas tout.

Un mariage religieux avait été célébré, dans l'après-midi du samedi 1ᵉʳ décembre 1804, sur les instances réitérées de Mᵐᵉ Bonaparte, et surtout pour satisfaire à la condition absolue imposée par Pie VII, avant de procéder au sacre.

Cérémonie modeste, rapide, dans une chambre intérieure des Tuileries, mais enfin valable, puisque la bénédiction nuptiale avait été donnée par le cardinal Fesch, muni de pouvoirs spéciaux par le Souverain Pontife, de chez qui il descendait quelques instants auparavant, après avoir obtenu « toutes les dispenses qui devenaient quelquefois nécessaires pour remplir les devoirs de grand aumônier[1] ». Ces pouvoirs suppléaient à la pré-

---

[1] Pour les détails de ce mariage et de sa rupture, je renvoie à l'ouvrage de M. Welschinger, *le Divorce de Napoléon*, qui,

sence des témoins absents et du curé de la paroisse non convoqué.

On sait aujourd'hui ce qu'il faut penser de ces témoins. Il n'y en eut pas, en dépit des affirmations contradictoires portées à la légère par Mᵐᵉ de Rémusat, qui parle de deux aides de camp du premier consul; de Capefigue, qui nomme Duroc et Portalis; du prince Jérôme-Napoléon, pleinement dans l'erreur malgré ses prétentions à l'exactitude pour les choses qui touchent à l'histoire du premier empire, quand il cite Talleyrand et Berthier. Erreur encore, et plus étrange que les autres, de la part de Metternich, qui rapporte je ne sais

---

à mon avis, a tout dit sur la question. Les conclusions de cette étude ont été contestées par M. Lecoy de la Marche, avec son talent habituel, dans son livre *la Guerre aux erreurs historiques* et dans l'*Univers* du 7 mai 1889, notamment sur la légitimité de la bénédiction donnée par le cardinal Fesch et la procédure des officialités. J'ai le regret de ne pouvoir partager cette manière de voir, et je me range du côté de M. Welschinger.

quelle intervention de deux ou trois évêques français (?) qui auraient, de propos délibéré, trompé le Pape, en lui donnant des détails apocryphes sur ce mariage secret[1].

Tout en affectant plus tard de croire à l'inanité d'un lien si fragile, et à la facilité de le briser, l'empereur avait souvent arrêté avec inquiétude son esprit sur la sainteté des lois religieuses. Selon son habitude, sa préoccupation se manifestait par les recherches historiques qu'il faisait faire, les précédents qu'il faisait étudier, les renseignements qu'il faisait recueillir auprès des personnes compétentes. Il éprouva, sur ce terrain, des déceptions auxquelles s'accommodèrent mal sa vanité et son parti pris.

À son retour de Bayonne, à la fin du printemps de 1808, traversant Bordeaux, il reçut

---

[1] *Mémoires*, t. I, p. 294.

l'archevêque et son clergé. Il se mit à disserter sur la convenance du divorce.

« Il n'appartient pas à l'homme de sépa-
« rer ce que Dieu a uni, » dit doucement
l'abbé Thierry, grand vicaire du diocèse et
vieux docteur de Sorbonne. — « Oui, oui,
« cela est bon dans les cas ordinaires de la
« vie, reprit sèchement Napoléon, sans quoi
« il n'y aurait plus rien de stable dans l'ins-
« titution du mariage; mais cela ne peut
« être quand le bien de l'État l'exige. »

Son interlocuteur assura que le précepte
de l'Évangile ne souffrait pas d'exception.
« Vous ne reconnaissez donc pas la tradi-
« tion? — La tradition, Sire, est unanime
« comme l'Écriture sur l'indissolubilité du
« lien conjugal. — Non, affirma péremptoi-
« rement l'empereur, la tradition est pour
« moi. Ne l'ai-je pas vu dans la Pologne,
« dans le grand-duché de Posen, dans les

« États de Hongrie et les autres pays du Nord,
« où j'étais il y a si peu de temps ? »

Puis, il interpella aussi, pour avoir son avis, le supérieur du grand séminaire de Bordeaux. Celui-ci vint en aide à l'abbé Thierry, et se mit à expliquer que les cas de dissolution de mariage, auxquels le souverain faisait allusion, n'étaient que des cas antérieurs de nullité.

Étonné de cette contradiction, Napoléon congédia avec brusquerie Mgr d'Aviau et ses grands vicaires. Son visage était pourpre, et ses paroles entrecoupées trahissaient la vivacité de son mécontentement. « De quels « hommes s'entoure donc cet archevêque de « Bordeaux ? Il n'y a pas un seul théologien « parmi eux... » Peu de jours après, de retour à Paris, Napoléon donnait ordre au ministre des cultes de faire savoir à Mgr d'Aviau qu'il ne reconnaissait plus M. Thierry pour grand vicaire, M. Delart pour secrétaire général, M. Lacroix pour supérieur du grand séminaire, et l'archevêque fut obligé de destituer des collaborateurs qu'il estimait, mais qui avaient eu le tort de parler suivant leur conscience [1].

Cette voix de la conscience il fallait la faire taire chez les autres, après en avoir étouffé l'écho dans son propre cœur. Ruses et subterfuges allaient être employés : puisque la grande route était barrée, on prendrait les chemins de traverse. Les moindres pistes furent explorées; on en voulut découvrir là même où jamais sentier n'avait été frayé. Les mécomptes se multiplièrent parce qu'on se maintenait dans des impasses.

Je n'en veux d'autre preuve que cette visite impromptue du directeur général de la police

---

[1] Voir *Histoire de M*^{gr} *d'Aviau du Bois de Sansay*, par l'abbé LYONNET, et le tome III de l'*Histoire des Émigrés*, de FORNERON.

de Turin, M. Dauzers, au cardinal Pacca, dans son cachot de Fenestrelle, pendant l'automne de 1809. A la fin d'une longue conversation et d'interrogatoires aussi inutiles que prolongés à dessein, il demanda à brûle-pourpoint au prisonnier s'il existait réellement une lettre du Pape à l'empereur, qui pût faire penser que celui-ci avait sollicité de la cour de Rome l'approbation des lois du Code civil sur le divorce [1]. Le cardinal répondit qu'elle lui était absolument inconnue; et Napoléon le savait fort bien, puisqu'il n'avait jamais posé la question à la réponse de laquelle il feignait de croire, mais il espérait par ce subterfuge obtenir de Mgr Pacca, sur la matière, une indiscrétion qui pût éclairer son embarras.

Que l'affaire fût du ressort du Souverain

---

[1] Pacca, *Mémoires*, t. I, p. 285.

Pontife, il ne l'ignorait pas davantage ; son irritation venait de la double impossibilité où il se trouvait de le ranger de son avis. Au point de vue doctrinal, le refus de briser le mariage de son frère Jérôme et de miss Patterson laissait peu de doute sur la réponse de Pie VII ; et invoquer sa propre cause au tribunal de celui que l'on retient prisonnier est une anomalie par trop extraordinaire entre le plaideur et le juge.

Chercher un biais, tout était là.

Cambacérès était un légiste fertile en expédients ; la tradition voulait qu'il s'arrangeât pour satisfaire par une « légalité » quelconque la volonté de l'empereur : *quidquid principi placuit ;* l'archichancelier ne fit pas mentir la tradition : il inventa le faux fuyant des officialités.

Je n'entrerai pas dans l'exposé de ces procédures assez confuses, il suffit ici d'en rappeler les conclusions. Comme de simples citoyens, l'empereur et l'impératrice portèrent leur cause devant l'officialité diocésaine, tribunal chargé de ces affaires entre particuliers [1]. Cambacérès convoqua chez lui les deux officiaux ; il leur fit entendre qu'il n'attendait pas d'eux des longueurs et qu'il était inutile de suivre les formes habituelles. L'abbé Rudemare, après avoir rappelé les droits du Saint-Siège, effrayé d'une pareille responsabilité, demanda que sa propre compétence fût soumise au Comité ecclésiastique.

Ce Comité [2] — et ce fut pour lui le chant du cygne — répondit : vous êtes compétent ;

---

[1] *Officialité diocésaine :* promoteur : l'abbé Rudemare ; official : l'abbé Boilesve. — *Officialité métropolitaine :* promoteur : l'abbé Corpet ; official : l'abbé Lejeas.

[2] Ce Comité (qui fonctionna du 16 novembre 1809 au 11 janvier 1810) comprenait les cardinaux Fesch et Maury, Mgr de Barral, Mgr Duvoisin, Mgr Bourlier, Mgr Mannay, Mgr Canaveri, l'abbé Emery et le P. Fontana.

il fixa même une procédure à trois degrés: officialité diocésaine, officialité métropolitaine, officialité primatiale de Lyon.

Une enquête commença tout aussitôt. La déposition du cardinal Fesch était aussi naturelle qu'importante. On interrogea après Duroc, Berthier et Talleyrand. Je vois mal à quel titre, car, s'il s'agissait de trouver des gens pour jurer qu'ils n'avaient pas été témoins, vingt millions de Français, la cérémonie ayant été secrète, eussent pu l'assurer sans parjure. Tous trois se bornèrent à parler de la pensée de Napoléon, souvent exprimée par lui devant eux, de ne pas contracter un mariage religieux.

Les moyens de nullité invoqués successivement et d'une façon contradictoire restaient mal définis. Le 9 février 1810, les membres de l'officialité de Paris, embarrassés, timides, hésitant entre leur devoir et le désir de ne pas contrecarrer le maître qui, de toutes façons, n'agirait qu'à sa volonté, conclurent à la *nullité* du mariage, pour avoir été célébré sans la présence de témoins et du propre pasteur.

L'officialité métropolitaine, trois jours après, arrivait aux mêmes conclusions, mais prenait comme base principale le non-consentement de l'époux.

Aucun argument ne pouvait être plus futile, aucun ne semble même plus maladroit.

Que Napoléon et Joséphine aient *voulu*, en 1804, contracter un mariage religieux, rien de moins discutable. C'était pour celle-ci la sécurité la plus enviée du rang suprême où elle montait. Pour lui, s'il ne consentait pas à faire de sa compagne une impératrice, il lui était parfaitement loisible de le déclarer avant le sacre et de faire rompre leur lien civil par un sénatus-consulte qui eût tout simplement porté la date du 1ᵉʳ décembre 1804, au lieu du 16 décembre 1809. Il gardait de la sorte sa pleine liberté pour un mariage futur. Il n'y songeait pas alors : le signataire du concordat, le restaurateur du culte public, ne pouvait faire asseoir sur son trône qu'une femme légitime, c'est-à-dire mariée selon les lois de l'Église.

Il le comprenait à merveille et s'y conforma. S'il voulut s'entourer du secret, c'était plutôt pour ne pas laisser deviner à l'opinion publique que cet acte religieux n'était pas déjà accompli depuis longtemps ; il usa des mêmes réserves qu'un faux ménage qui veut régulariser sa situation. On ne crie pas sur les toits de telles confidences. Sauf cette prudence toute naturelle, Napoléon ne vit pas d'inconvénients à reconnaître son mariage, et le cardinal Fesch, qui délivra à Joséphine un certificat de la bénédiction nuptiale, s'était d'abord assuré du consentement de son neveu.

Cinq ans plus tard, acculé dans une impasse, l'empereur invoque des cas de nullité; mais il en est si peu de plausibles, qu'il lui faut se contenter d'allégations puériles qu'admettront des complaisants aux abois, que les gens de bonne foi repousseront.

Comment ces complaisants, comment l'empereur lui-même n'ont-ils pas vu qu'ils infligeaient à son honneur la plus sanglante injure ? Affirmer à la France, à l'Europe, que le mariage d'un souverain n'a été qu'un concubinage [1], et cela de propos délibéré, en trompant sa femme, en jouant le ministre du culte, en mentant au Pape : mais c'est de la démence ! La vieille maxime de droit, que personne n'est admis à invoquer sa propre

---

[1] « Le Pape avait pour ainsi dire sanctionné un concubinage. » METTERNICH, *Mémoires*, t. I, p. 295.

infamie : *nemo auditur turpitudinem suam allegans*, aurait dû invalider le témoignage de Napoléon sur lequel reposait toute la sentence.

Le ridicule d'un pareil moyen avait frappé les deux tribunaux ecclésiastiques ; l'abbé Corpet l'avait écarté « par respect pour sa Majesté », et l'abbé Rudemare prononça un mot très juste : « On faisait valoir, en faveur
« d'un homme qui nous faisait tous trem-
« bler, un moyen de nullité qui ne fut jamais
« invoqué utilement que pour un mineur
« surpris et violenté. »

Les deux jugements, tout informes et diffus qu'ils étaient, parurent suffisants. Le troisième degré de juridiction, l'officialité primatiale, ne fut pas saisie[1]. Elle n'eût rien fait de

---

[1] M. Artaud de Montor (*Histoire de Pie VII*) commet une erreur en prétendant qu'on *créa* les trois officialités, en 1810, après les réclamations soulevées par l'archevêque de Vienne. Il suffit d'ouvrir l'*Almanach impérial* de 1809, 1808, etc., pour se convaincre de leur ancienne existence.

plus et, on doit le craindre, rien de moins.

Ces ecclésiastiques n'étaient point de mauvais prêtres, mais leurs préjugés de Sorbonne, habilement exploités par Cambacérès, les aveuglèrent ; ils crurent préférable de prendre un biais que de s'opposer à une volonté qui les eût brisés comme verre ; ils déchargèrent leur conscience par quelques protestations platoniques en faveur du droit dans la rédaction de leur sentence, alléguant « la difficulté de recourir au Chef visible de l'Église, à qui a toujours appartenu de connaître et de prononcer sur ces cas extraordinaires[1], » — et « les circonstances défavorables qui ne permettaient pas de suivre la marche de tout temps des rois de France en pareil cas[2] ». — Puis, ils passèrent.

Ils eurent tort.

---

[1] Sentence de l'official diocésain.
[2] Sentence du promoteur métropolitain.

La réponse aux deux causes de nullité invoquées est aisée : oui, l'absence du curé est un empêchement *dirimant* qui rend non existant le mariage ; mais le célébrant, le cardinal Fesch, possédait la dispense suffisante du Pape. — Oui, le consentement est la cause *efficiente* du mariage ; mais, même en écoutant le ridicule argument de la « contrainte » dont je viens de parler, et en retenant une autre manière d'envisager la question, à savoir que Napoléon, tout en prononçant le « oui » sacramentel, avait accumulé à plaisir des cas de nullité, démontrant qu'il refusait *in petto* son consentement, il faut alors admettre la supposition de *tous* les mariages caducs et reconnaître que leur invalidité peut être immédiatement poursuivie.

Ainsi le mariage de 1804 était bien valide; j'ajoute que les officialités, en 1810, étaient incompétentes.

Incompétentes, car la cause n'était pas en soi de leur ressort, et la délégation que leur confiait la commission ecclésiastique, elle-même sans pouvoir, ne pouvait leur créer la moindre juridiction plausible.

Mariage avec Joséphine régulier, sentence qui le casse invalide, — la conclusion au sujet de l'union avec Marie-Louise s'impose. Celui qui fut pendant quatre ans le « roi de Rome » n'eut en sa courte existence rien de légitime, ni la naissance ni le nom.

Des jurisconsultes du plus haut mérite n'ont pas craint de conclure de la sorte, et tout récemment encore, à l'Académie des Sciences morales et politiques, M. Colmet de Santerre, donnait lecture d'un remarquable travail qui ne laissait subsister aucun doute sur la question [1].

---

[1] Voir aux *Pièces justificatives* (n° II).

Quant à préjuger si Pie VII, seul juge, aurait admis les raisons de l'empereur, nul ne le peut dire. Eût-il annulé le premier mariage ? Le précédent de miss Patterson permet d'induire tout le contraire.

A porter un jugement sur cette délicate affaire, il faut ou blâmer le cardinal Fesch ou les membres de l'officialité. Il semble plus juste de donner tort aux seconds. La vie de l'archevêque de Lyon, même partial, même séduit par la gloire de son neveu, atteste en sa faveur ; cette tromperie consciente, réfléchie, cynique, du Souverain Pontife par un cardinal qui se serait joué des choses les plus sacrées, est inadmissible. Il eût deux fois menti dans la journée du 1er décembre 1804 : en cachant à Pie VII le *pourquoi* de sa demande de dispense, en lui affirmant ensuite que Napoléon était bien marié. Et le Pape ne put manquer de lui poser cette question bien nettement, averti qu'il était, par Joséphine elle-même, que ce lien religieux leur manquait depuis 1796.

Pour les membres des officialités, sujets terrorisés, férus des maximes gallicanes, ils firent, peut-être sans grand remords, bon marché des « prétentions ultramontaines ». A leur décharge ils purent croire que la permission *in globo* donnée par Pie VII au cardinal ne s'appliquait pas au mariage célébré par le grand aumônier, et ils se cantonnèrent alors dans les règles précises du concile de Trente.

Sans doute, que si le premier projet de Napoléon d'épouser une princesse russe se fût maintenu, l'alliance avec une schismatique n'eût pas exigé ces subterfuges en n'éveillant pas de scrupules. On n'eût pas eu recours à un procédé dont la conclusion était malsonnante et insuffisante en soi. Mais, pendant que cette procédure ecclésiastique suivait son cours à Paris, les pourparlers de l'alliance avec une archiduchesse s'engageaient parallèlement à Vienne. Il fallait une sentence canonique pour satisfaire les princes catholiques de la cour d'Autriche.

Metternich avait déjà écrit à l'ambassadeur Schwarzenberg que l'empereur François aurait une invincible répugnance à cette union si le divorce n'était revêtu d'une forme religieuse, et qu'il fallait une nullité de mariage reconnue par l'Église.

Les sentences de l'officialité de Paris satisfirent mal cette exigence légitime ; toutefois ce fut un pis-aller qui sembla acceptable, car il sauvait à peu près les apparences. L'archevêque de Vienne montra moins de complaisance et prétendit examiner lui-même le libellé des deux jugements. Pendant toute une semaine les négociations en furent arrêtées.

En vain notre ambassadeur Otto, ne voulant pas soumettre le texte à des yeux si clairvoyants, affirmait en avoir lu lui-même la teneur ; cet examen par ricochet était jugé insuffisant. Mgr Sigismond fit auprès de François Ier une démarche personnelle et demanda que les pièces lui fussent communiquées pour être ensuite publiées à la face de l'Europe. Nouvel atermoiement de l'ambassadeur, nouvelle instance de l'archevêque, vive contrariété de Metternich, grand embarras de l'empereur François.

On s'avisa alors d'un procédé par à peu près, comme si dans l'affaire tout devait demeurer suspect. Jamais gens plus disposés à tirer des conclusions de prémisses qui n'existent pas. Le cardinal Fesch venait d'envoyer à l'archevêque de Vienne la dispense des bans. Tout aussitôt, les intéressés en voulurent conclure que le cardinal approuvait la dissolution du premier mariage, puisqu'il participait à la célébration du second. Pour approuver la dissolution du premier mariage, on avait dû lui fournir les preuves de sa nullité ; l'archevêque de Vienne ne devait-il pas se contenter, même sans les connaître, des arguments dont avait été convaincu l'archevêque de Lyon ?

Raisonnement évidemment forcé, et Mgr Sigismond ne se rendit pas. On joua le tout pour le tout ; la politique (la paix des États si l'on veut) fit taire la conscience impériale, comme déjà elle avait endormi la tendresse paternelle : un billet de François Ier prescrivit à l'archevêque de ne rien demander de plus après l'attestation du grand aumônier de l'empereur des Français [1].

[1] C'était la politique seule qui fermait ainsi volontairement les yeux à la cour de Vienne ; ses scrupules, endormis par la toute-puissance de Napoléon, se réveillèrent après sa chute ; j'en trouve l'expression dans une dépêche, adressée onze ans

Les difficultés s'aplanissaient donc devant la toute-puissante volonté de Napoléon : une seule note d'indépendance devait se faire entendre au milieu de ce concert de soumission et de servilité ; isolée, elle parut insignifiante ; toutefois elle suffisait pour empêcher la prescription du droit et maintenir le respect de la justice. Napoléon l'entendit avec une colère sans mesure et voulut l'étouffer comme l'écho du remords.

Ici commence le rôle des cardinaux qui font l'objet de cette étude.

plus tard à M. Pasquier, alors ministre des Affaires étrangères, par le chevalier Artaud, attaché à l'ambassade de France à Rome :

« M. le cardinal Fontana est un *Cardinal Noir*. — M. Artaud se trompe, il n'était pas cardinal en 1810; mais enfin cela ne change rien au raisonnement. — Il a été opposé à ceux qui voulaient faire reconnaître comme valable le mariage de l'archiduchesse Marie-Louise... Il ne consentira pas à valider un lien qu'on a pu lui représenter comme *désormais* indifférent en politique, il ne partagera pas un sentiment appuyé par plusieurs de ses collègues, pour rétablir la réputation théologique de l'archevêque de Vienne et rendre la paix à la conscience de l'archiduchesse, fille chérie de l'empereur. » 1er mars 1821. *Archives des Affaires étrangères. Rome*, vol. 954, fol. 238.

CHAPITRE II

LE MARIAGE

Les cardinaux italiens à Paris. — Le mariage de Napoléon et de Marie-Louise. — Abstention de treize cardinaux. — Mesures violentes prises contre eux. — *Rouges* et *Noirs*.

Dans son intention de réunir dans sa main tous les pouvoirs et de faire de sa capitale le centre des affaires du monde, Napoléon, après l'emprisonnement du Saint-Père, avait fait transporter à Paris les archives apostoliques, et jusqu'à la tiare et l'anneau pontifical [1]. Il avait exigé en même temps que les membres du Sacré Collège y fixassent leur séjour [2].

---

[1] Dépêches d'Ortoli au ministre des relations extérieures, 5 et 27 janvier, 5 février 1810. *Archives des Affaires étrangères*, Rome, vol. 944.
[2] Voir aux *Pièces justificatives* (n° III) une note de police concernant les cardinaux fixés, par ordre, à Paris.

Il fallait qu'ils parussent conserver une situation décente et mener un train conforme à leur dignité : il leur alloua une pension annuelle de trente mille francs. Tous étaient dépouillés de leurs revenus ; la majorité accepta ce traitement, qui pouvait passer pour une restitution ; plusieurs, après l'avoir accepté, le refusèrent quand ils virent qu'on affectait de lui enlever son caractère d'indemnité pour les biens ecclésiastiques confisqués en Italie ; quatre enfin ne l'acceptèrent jamais[1].

C'était le collier doré avec lequel l'empereur espérait les attacher à son char ; par ailleurs, il paraissait plus disposé à se faire craindre qu'à conquérir leurs suffrages, et ses manières étaient brutales.

« Il semblait prendre plaisir à les donner

---

[1] Les cardinaux di Pietro, Consalvi, Pignatelli et Saluzzo.

en spectacle à Paris, à les forcer de paraître à sa cour. Il s'amusait à les apostropher publiquement et à leur reprocher soit la conduite du Pape, soit la leur propre. Il les plaisantait de l'excommunication lancée contre lui, et ne négligeait aucune occasion de les mortifier [1].

Par ordre, chaque dimanche, ils se rendaient tous à la chapelle des Tuileries pour orner de leur pourpre la messe impériale [2]. Quelques-uns dépassaient même cette rigoureuse étiquette, en assistant aux soirées du ministre des cultes et aux fêtes de Camba-

---

[1] *Mémoires pour servir à l'histoire ecclésiastique pendant le XVIIIe siècle.*

[2] Ils le pouvaient en toute sécurité de conscience, car, si la bulle de Martin V était formelle pour interdire toute communication *in divinis* avec un excommunié, Pie VII n'avait pas nommé, à dessein, Napoléon dans la bulle d'excommunication, afin de ne pas le rendre *vitandus* pour les évêques et les prêtres obligés de l'approcher.— Voir les *Mémoires* du cardinal CONSALVI, II, p. 189.

cérès, au vif regret, presque au scandale de leurs collègues plus rigides [1].

Cette soumission, tout au moins cette complaisance dans des questions de simple politesse trompèrent Napoléon : il crut que de ce côté il ne viendrait pas de résistance à ses ordres souverains. Il avait affecté de ne tenir aucun compte de la présence auprès de lui des membres du Sacré Collège pendant les procédures de la dissolution de son mariage. Il ne se souvint d'eux que pour les convier à parader aux cérémonies de son union avec une archiduchesse.

---

[1] « Ces dégoûtantes nouvelles pénétrèrent jusque dans ma prison et empoisonnèrent ma triste existence. » Card. Pacca, *Mémoires*, t. I, p. 289.

« Le seul titre de cardinal me faisait regarder comme une chose très indécente et très indigne qu'au moment même où notre chef était prisonnier, le Saint-Siège plongé dans le malheur, l'Église privée de sa liberté et de ses domaines, la religion au milieu des périls, de la ruine et de la tristesse, un cardinal pût parader dans les assemblées, dans les conversations, assister aux banquets et faire bonne mine aux représentants de ce gouvernement qui avait renversé le sien. » — Consalvi, *Mémoires*, t. II, p. 170.

Les cardinaux reçurent quatre invitations officielles : pour la présentation à Saint-Cloud, le mariage civil, le mariage religieux et la réception solennelle aux Tuileries. Que feraient-ils ? Ils ne pouvaient approuver les sentences de l'officialité diocésaine, incompétente dans une cause réservée exclusivement au Souverain Pontife. Leur présence à la bénédiction nuptiale serait interprétée comme un acquiescement à cette procédure illégale, et réputée un oubli de leurs devoirs. Ces pensées les troublaient, ils avaient besoin de prendre sans retard un parti.

Sur la proposition de Consalvi, ils se réunirent dans son hôtel pour conférer [1]. Le cardinal della Somaglia parla longtemps : il dit que, pour son compte, et comme cardinal revêtu du titre élevé de vicaire de Sa

---

[1] Hôtel d'Élisée, 7, rue de Lille. Voir aux *Pièces justificatives* (n° IV) l'adresse des cardinaux à Paris.

Sainteté, il ne ferait aucune difficulté de se rendre au mariage civil n'ayant à ses yeux nulle importance, mais que, sous aucun prétexte, il n'assisterait au mariage religieux, parce qu'il était à sa connaissance que Napoléon et Joséphine avaient été mariés à la fin de l'année 1804, et que lui, La Somaglia, avait reçu et gardé l'acte qui était déposé au vicariat de Rome [1].

Vingt-sept cardinaux étaient présents. Quatorze estimèrent prudent de ne pas s'expo-

---

[1] Le chevalier Artaud de Montor, écrivant sa notice sur le cardinal della Somaglia (*Biographie universelle*, t. LXXXII), rapporte ces détails, et c'est sur son témoignage que je les reproduis dans ce que je leur crois de juste ; mais il place dans la bouche du cardinal une affirmation erronée sur le mariage de Napoléon, qui aurait été célébré ou confirmé par Pie VII en personne dans la chapelle des Tuileries. Ou le cardinal était mal informé, ou M. Artaud s'est trompé ; cette dernière version me paraît préférable, car le cardinal n'aurait pu produire une telle opinion, lui qui connaissait les pièces de la chancellerie romaine. Cette restriction nécessaire conduit à être moins affirmatif sur l'autre partie de ce témoignage : la pièce authentique, *vue* par le cardinal vicaire. Si cet acte a existé, il a dû être détruit. Je me borne donc à signaler ce renseignement qui, prouvé, aurait un véritable intérêt historique.

ser au courroux de Napoléon, car leur présence pourrait, à la rigueur, être interprétée autrement que comme une sanction de divorce qu'ils réprouvaient en conscience. Treize, « au nombre desquels j'étais, » rapporte Consalvi, décidèrent de ne pas assister au mariage, ni civil, ni religieux, pour ne pas laisser planer le moindre doute sur l'orthodoxie de leurs principes.

Cette imposante minorité fit connaître au cardinal Fesch sa manière de voir. Après avoir juré de maintenir dans leur intégrité les droits du Saint-Siège, et les voyant lésés par l'annulation du mariage de l'empereur, ils ne se croyaient pas permis de légitimer par leur présence une seconde union.

Au reste, aussi prudents et réservés que fermes, pour éviter un scandale nullement nécessaire, ils proposaient un moyen de tout pallier : que, sous prétexte d'une enceinte trop étroite, on ne convoque, comme cela se pratiquait déjà pour le Sénat et le Corps législatif, qu'une partie du Sacré Collège; les cardinaux qui croient pouvoir répondre à l'invitation s'y rendront; les principes seront sauvegardés, sauve la conscience des autres, et leur absence ne donnera pas lieu, auprès du public, à ces commentaires dangereux que paraît tant redouter l'empereur.

Le grand aumônier avait un rôle des plus épineux : sa science canonique, d'assez fraîche date, pouvait l'induire à accepter une opinion qui satisfaisait ses inclinations de famille. « Il arrive tous les jours, remarque son historien [1], que les ecclésiastiques ne sont pas mieux autorisés à prendre une détermination dans l'exercice de leur saint ministère, surtout dans les questions qui

---

[1] LYONNET, *le Card. Fesch*, t. II, p. 248.

touchent aux sacrements de mariage ou de pénitence. Dès lors qu'ils peuvent s'appuyer sur une autorité sérieuse et imposante, ils sont tranquilles sur le résultat de leurs démarches. »

Il envisageait donc aussi favorablement que possible la rupture du premier lien qu'il avait lui-même formé et se préparait à bénir le second. Il connaissait son impérial neveu; il prit pour des conséquences de l'abstention de ses vénérables collègues et s'efforça de les dissuader. Mais ils avaient résolu d'accomplir leur devoir à tout prix.

Déjà quelques rumeurs apportaient à la cour ces bruits de résistance; Napoléon, confiant dans son omnipotence, s'écria fièrement : « Ils n'oseront pas! » Fouché, alors ministre de la police, fit des démarches auprès des principaux d'entre eux : il n'obtint rien.

La seule concession que les cardinaux se crurent fondés à faire fut de demeurer individuellement libres d'assister ou non à la cérémonie civile, simple contrat dont l'Église ne s'occupe pas.

A Saint-Cloud, le samedi 31 mars, à la présentation officielle, le Sacré Collège était aussi complet que possible. Le lendemain, dans la galerie du palais, à côté des ambassadeurs, des ministres, des grands officiers de l'empire, on remarquait la pourpre de douze cardinaux : les Éminentissimes Doria (Joseph), Doria (Antoine), Spina, Albani, Caselli, Fabrice Ruffo, Zondarini, Vincenti, Erskine, Roverello, Fesch et Maury. Étaient absents les treize qui formaient la minorité, le cardinal Caprara mourant, le cardinal Cambacérès, resté à Rouen, et les cardinaux de Bayane, Despuiz et Dugnani, excusés comme indisposés.

Le 2 mai devaient avoir lieu l'entrée publique des souverains à Paris et le mariage religieux.

Un peuple immense était accouru de toutes parts, contenu par une haie de troupes, de la barrière de Neuilly aux Tuileries. La voiture du sacre passa sous l'Arc de triomphe encore inachevé. Les maréchaux aux portières, les acclamations de la foule, un soleil radieux, quel enivrement pour le puissant empereur ayant à ses côtés la petite-fille de Marie-Thérèse ! Pour lui, qui avait manifesté toute sa joie cachée par ce mot brutal dit à Joséphine, le jour où ils prirent possession des Tuileries : « Allons, petite créole, couchez-vous dans le lit de vos maîtres, » c'était aujourd'hui bien autre chose : il entrait vraiment dans la famille des rois, et par la grande porte. Le petit cadet corse devenait le neveu de Louis XVI, et cette boutade lui échappa plus tard trop souvent pour ne pas révéler sa pensée intime [1].

Cette alliance changeait sa situation politique, en lui créant une personnalité souveraine, et, à côté des adulations de la cour, au-dessus des étonnements du vulgaire, les esprits sérieux reconnaissaient désormais en lui un caractère royal dont Joseph de Maistre avait été frappé dès la première heure : « Cet homme miraculeux, devant qui la fortune de César disparaît, finit par épouser la fille de l'empereur d'Autriche ! La chose étant décidée, je n'ai rien à dire, et même je crois devoir dorénavant changer de style en m'exprimant sur le compte de ce personnage qui doit être à présent traité comme un autre souverain [2]. »

[1] Voir aux *Pièces justificatives* (n° V) le tableau de la parenté créée à Napoléon par son mariage avec Marie-Louise.
[2] Lettre au roi Victor-Emmanuel, 26 février 1810.

Il était parvenu au faîte de la gloire humaine; sa fortune écrasait toute prospérité. De quel regard glorieux il embrassa, en entrant dans la galerie de Diane, ces huit mille personnes groupées sur des gradins, l'élite de la société parisienne, élite intellectuelle du monde, rassemblée là pour l'acclamer ! Écuyers, chambellans, ministres, sénateurs, généraux, princes et rois lui font cortège, et dans sa main il tient la main frémissante de la jeune impératrice, sa compagne, mais surtout son trophée [1]. Qui pourrait assombrir cet éclat, qui troublera cette majesté, qui voilera ces splendeurs ?

Et, cependant, l'épine est déjà sous la rose; quand l'empereur quittera d'un pas nerveux

---

[1] Dans ses *Souvenirs*, M. de Barante parle du « long défilé de ces rois, de ces reines, de ces grands personnages, de ces maréchaux couverts d'or, de plaques et de cordons, entre deux haies de spectateurs, hommes et femmes, parés, brodés, revêtus de leur uniforme. L'empereur paraissait radieux; *les invités étaient comme en extase.* »

les appartements illuminés, au milieu des vivats et des fanfares, les familiers reconnaîtront sur son visage le froncement de la colère, déjà ils auront entendu siffler entre ses dents des paroles qui font trembler. « Où « sont-ils? Ah, les sots! Je vois où ils en « veulent venir : protester contre la légiti-« mité de ma race, ébranler ma dynastie. « Les sots! »

Seize cardinaux, en effet, manquaient à la cérémonie, et les sièges réservés pour eux à la droite de l'autel, en demeurant inoccupés, offraient un violent contraste avec l'entassement des invités qui se pressaient alentour. Tout avait disparu aux yeux de Napoléon ; ces seize fauteuils vides, qu'il n'eût pas voulu voir, retenaient fatalement son regard ; sa pensée se concentrait sur cet espace restreint dont les proportions lui semblaient démesurément grandir. Cette protestation muette était la seule qui se fût encore dressée entre lui et la fortune ; il avait reçu le coup en plein cœur, pour mieux dire en plein front : dans l'orgueil.

Les cardinaux Despuiz, Dugnani et Erskine, retenus par l'âge et la maladie, avaient exposé ces raisons dans des lettres d'excuse ; les treize cardinaux Mattei, Pignatelli, Scotti, della Somaglia, Consalvi, Brancadoro, Saluzzo, Galeffi, Litta, Ruffo-Scilla, Oppizoni, Gabrielli, di Pietro, n'avaient fait parvenir aucune expression de regrets.

« Durant ces heures mémorables, ils ressentirent de mortelles angoisses en réfléchissant sur la grande action qu'ils entreprenaient et sur les conséquences qui devaient en découler. Ils restèrent tout ce temps dans une ignorance parfaite de l'impression produite par leur abstention sur l'esprit de l'empereur, car ils ne quittèrent pas leurs appartements, et personne n'osa les visiter[1]. »

Toutefois, après avoir, à leurs risques et périls, donné un témoignage public de leur respect pour les droits de l'Église, ils se préparaient à rendre à César ce qui lui appartient et à venir officiellement saluer le chef d'un grand empire.

Napoléon avait souvent des colères feintes, mais ici sa fureur était sincère; il avait été blessé à la prunelle de l'œil, et son premier mouvement fut de faire fusiller les cardinaux absents. Après cet accès accordé à l'impétuosité de son courroux, et la nuit portant conseil, il voulut frapper par l'humiliation ceux qui l'avaient atteint dans sa superbe.

Les cardinaux s'étaient rendus en corps aux Tuileries; ils prirent place dans les salons de réception entre les sénateurs et les

---

[1] Consalvi, *Mémoires*, t. II, p. 457.

conseillers d'État. Ils prévoyaient bien quelque boutade du maître et se préparaient à essuyer le feu de son mécontentement. « On peut facilement imaginer de quel cœur nous attendions le moment solennel de voir l'empereur et d'en être vus, » a dit Consalvi.

Les heures passaient, et la fatigue résultant de cette attente remplissait déjà l'intention de Napoléon, qui avait pour maxime qu'un homme, parqué depuis longtemps dans une antichambre, est suffisamment affaissé pour ne plus résister à la volonté de qui le reçoit. Ce dédain était une première vengeance ; tout à coup un aide de camp parut, et, avant d'introduire les personnages qui se morfondaient dans les galeries, annonça à haute voix que Sa Majesté, ne voulant pas recevoir les treize cardinaux absents à la cérémonie de la veille, leur ordonnait de se retirer.

Pliant sous l'injure qu'ils attendaient sans

en deviner la forme, les prélats redescendirent le grand escalier. Au bas du vestibule, ils ne trouvèrent ni leurs gens ni leurs voitures : on avait renvoyé les carrosses. Procédé qui peint la mesquinerie des sentiments ; pour être entré dans la famille des Habsbourg, le mari d'une archiduchesse peut n'avoir pas dépouillé le goût des vengeances vulgaires qui trahissent le parvenu. Napoléon aura regretté de ne pouvoir guetter, derrière un rideau, la sortie de ces princes de l'Église, obligés de regagner à pied, dans leurs grandes robes rouges, à travers les rues, leurs domiciles, et il a dû songer à jouir de leur embarras, quand ils longèrent la cour du palais sous les regards de la foule, et, sans doute, les quolibets des laquais.

Pour que la leçon fût complète, il admit les autres cardinaux et injuria leurs courageux confrères ; Oppizoni et Consalvi eurent les honneurs d'une mention spéciale ; à tous il reprocha de la duplicité, de la fourberie, de la trahison.

La journée du mercredi 4 avril s'était passée sans encombre ; mais Bigot de Préameneu avait reçu, le matin, cette lettre étrange de Napoléon :

« Plusieurs cardinaux ne sont pas venus, quoique invités, à la cérémonie de mon mariage. Ils m'ont, par là, essentiellement manqué. Je désire connaître les noms de ces cardinaux et savoir quels sont ceux qui ont des évêchés en France, dans mon royaume d'Italie ou dans le royaume de Naples. Mon intention est de *donner à ces individus leur démission*, et de suspendre le paiement de leurs pensions, *ne les considérant plus comme cardinaux*. Vous me ferez un rapport là-dessus pour que je prenne un décret authentique[1]. »

En transmettant les noms des cardinaux « coupables », Bigot de Préameneu omit Mgr della Somaglia [2]. On prétend que cet oubli était volontaire, afin d'ouvrir la porte à l'ancien cardinal vicaire pour une démarche personnelle, point de départ d'excuses qui eussent ramené une partie des opposants. Mais cette petite ruse fut déjouée par la fermeté du cardinal, qui demanda à partager le sort de ses collègues comme il avait partagé leurs sentiments. Son nom reçut, de cette circonstance, une notoriété que son carac-

---

[1] Cette lettre nous a été révélée par M. d'Haussonville; inutile de dire qu'elle ne figure pas dans la *Correspondance de Napoléon Ier*.

[2] J'ai vérifié ce fait matériel aux Archives des Affaires étrangères. *Rome*, vol. 944, fol. 103 : « Liste des cardinaux qui ne sont pas reçus à la cour. » — Dans la lettre manuscrite de Bigot à Champagny, le chiffre 12 est en surcharge sur le chiffre 13 d'abord écrit et qui se voit encore. (*Id.*, fol. 104.)

tère distingué et fait pour la représentation, pouvait soutenir : il passa, aux yeux du public, pour être le chef des « Cardinaux noirs ».

Le ministre rédigea un rapport hâtif et assez modéré, auquel répondit, une heure après, la note suivante, dictée au duc de Bassano :

« Le ministre des cultes enverra chercher et réunira ensemble dans son hôtel les cardinaux qui, sans empêchement résultant de cause de santé, ne se sont pas rendus à la cérémonie du mariage religieux. Le ministre leur dira que sans le Pape ils ne sont rien, et que, dans le cas où ils auraient une juridiction, la minorité aurait dû obéir à la majorité, que sa Majesté a vu dans leur conduite le même esprit de rébellion qu'ils ont manifesté depuis dix ans, et qui a obligé sa Majesté à s'emparer de Rome, et qui les a induits à porter le Pape à fulminer contre lui une excommunication qui est la risée des contemporains et ne le sera pas moins de la postérité. Sa Majesté avait méprisé leurs démarches et les avait interprétées dans un esprit de charité, voulant ainsi se dissimuler leurs mauvaises intentions ; mais ils ont présentement comblé la mesure par les discours tenus dans leurs conciliabules. Il était donc temps qu'ils se souvinssent que Sa Majesté tenait le glaive de la loi pour frapper les mauvais prêtres et les traîtres à l'État...

« On leur laissera entrevoir que, si on leur fait leur procès, comme on ne connaît pas de juridiction ecclésiastique en France, il n'y a rien qui empêche qu'ils soient condamnés[1]. C'est parce qu'on les considère déjà comme condamnés qu'on ne veut plus qu'ils portent

[1] Quel aveu

les distinctions ecclésiastiques ni le costume des cardinaux [1]. »

Un billet collectif signé de Bigot de Préameneu convoqua les cardinaux au ministère des cultes pour neuf heures du soir. Fouché était présent. Bigot signifia les ordres de l'empereur : défense de revêtir la pourpre et de porter aucun indice cardinalice [2]; consignés dans leurs appartements, avant qu'il fût statué sur leur sort ultérieur, ils étaient placés sous la surveillance de la police, qui avait ordre de les arrêter à la première infraction.

Les cardinaux restèrent « dans un état de confusion et de stupeur », écrivait après Bigot

---

[1] Cette note manque dans la *Correspondance*.
[2] Dans le livre de M. Chotard: *Pie VII à Savone*, parmi les trop nombreuses erreurs qui s'y trouvent, je relève celle-ci, qui est lourde: « Ils dépouillèrent la pourpre et, *pour n'être pas reconnus*, ils sortirent vêtus en simples prêtres. » Ce ne sont point eux qui quittèrent leur soutane rouge, mais Napoléon qui leur interdit de la porter, soit juste le contraire.

à l'empereur ; la vérité, c'est que la plupart, comprenant mal le français, n'entendirent pas son long discours. Consalvi mit facilement à néant les reproches erronés qu'on leur adressait : c'était un singulier complot que d'informer de ses intentions plusieurs jours à l'avance ceux qui se plaignaient ensuite d'avoir été surpris ; après avoir vu rejeter la mesure toute prudente qu'ils avaient proposée au cardinal Fesch, il était juste de reporter sur celui-ci la publicité d'une protestation dont ils avaient voulu voiler l'éclat.

A l'écart, accoudé négligemment à la cheminée, dans une attitude modeste, réservée, discrète, Fouché n'avait point encore prononcé une parole : il semblait venu là par ordre, et jouait à merveille son rôle d'honnête homme attristé d'un malentendu. Pas plus que Bigot de Préameneu, il ne se souciait de transmettre de vive voix à Napoléon des justifications; l'un et l'autre conseillèrent de les rédiger.

Le temps pressait, l'empereur devait quitter Paris le lendemain, la nuit s'avançait; les cardinaux, ne répugnant pas à expliquer la loyauté de leur conduite, acceptèrent la proposition et se rendirent, sans désemparer, chez leur doyen, Mgr Mattei, fort honnête homme, conciliant, attaché à ses devoirs, et dont le caractère était loin de se complaire dans les exagérations [1].

Cette délibération dura cinq longues heures; la prudence n'y fut pas oubliée, la vérité demeura intacte. Une note collective s'efforçait de pallier le courroux de l'empereur, sans grande espérance d'y réussir.

---

[1] « Esprit scrupuleux, par-dessus tout honnête homme a déjà manqué la papauté pour cause de scrupules. Il a au fond un grand et sincère désir qu'on s'accommode ici, et, pour peu qu'il crût sa conscience à l'abri de tout reproche, il consentirait à tout. » — Dépêche de Lefebvre, 15 avril 1808.

« Les cardinaux soussignés, frappés de l'indignation de Votre Majesté Impériale et Royale et déclarés, par l'organe de son ministre, coupables de rébellion pour n'avoir pas assisté à la cérémonie religieuse de son mariage, se hâtent de repousser une inculpation qu'ils ont en horreur, en déposant au pied du trône la déclaration franche et sincère de leurs sentiments.

« Ils protestent donc qu'il n'y a jamais eu entre eux ni intrigue, ni coalition, ni complot d'aucune sorte ; que leur opinion a été le résultat de quelque communication confidentielle, ou, pour ainsi dire, l'effet du hasard, et qu'ils n'ont jamais eu les intentions que leur prête le ministre de Sa Majesté ; s'ils n'ont pas assisté à la susdite cérémonie, c'est uniquement parce que le Pape n'était pas intervenu dans la rupture du premier mariage. Ils déclarent, au reste, qu'ils n'ont jamais prétendu s'ériger en juges, ni répandre des doutes sur la validité de la rupture du premier mariage, ni sur celle du second, ni sur la légitime succession au trône des enfants qui en naîtront.

« Enfin, ils supplient Votre Majesté d'agréer cette humble et sincère déclaration, unie aux sentiments de profond respect et de cette soumission et obéissance qu'ils ont l'honneur de professer pour elle.

« Paris, 5 avril 1810 [1]. »

Au point du jour, le cardinal Litta vint remettre cette pièce, signée de tous, au ministre des cultes, qui en parut satisfait, mais allégua, sous des formes évasives et courtoises, le départ précipité de l'empereur pour ne rien changer aux ordres précédents.

---

[1] Voir PACCA, *Mémoires*, t. I, p. 201.

Sauvegarder les privilèges souverains du Saint-Siège avait été le seul mobile des cardinaux; le Souverain Pontife le comprit et bénit en son cœur leur courage.

« Le bruit de la colère impériale parvint aux oreilles de Pie VII. Sobre de réflexions, peiné du sort auquel étaient réduits les membres les plus éminents du Sacré Collège, sans paraître aussi profondément « affecté » qu'on eût dû le supposer, il se contenta de dire que, « s'il s'agissait de raisons politiques, « il ne pouvait en juger; que, s'il s'agissait « d'une question de conscience, on ne pou- « vait savoir mauvais gré aux cardinaux dis- « sidents de leur détermination, parce que « l'opinion religieuse est toujours libre [1]. »

Pour lui, son opinion était établie sur la question du divorce et sur les conséquences

---

[1] Vte DE MAYOL DE LUPPÉ, *Un Pape prisonnier* (*Correspondant* du 25 avril 1887).

qui en découleraient; il ne l'avait pas laissé ignorer à ses gardiens : « Sa Sainteté juge l'affaire très importante, puisqu'elle décide de la légitimité de la descendance [1]. » La colère de l'empereur ne le surprit donc pas, et il s'attendait à des conséquences fatales pour les cardinaux fidèles.

Leurs biens furent mis sous séquestre; on apposa les scellés sur leurs meubles, toute pension fut supprimée et, dans les termes dont nous avons vu dernièrement reparaître l'hypocrite euphémisme, on les abandonnait à la charité des fidèles.

Le désir de les réduire à la besace fut porté au comble, et l'on voulut matériellement leur enlever tout moyen d'existence, de si loin qu'il pût venir. C'est ainsi qu'avec une prévoyance extraordinaire trois dépêches furent

[1] Bulletins journaliers de M. de Chabrol (Savone, 21 janvier 1810).

adressées par le duc de Cadore à MM. de La Forest et de La Rochefoucauld, ambassadeurs à Madrid et à Amsterdam, et à M. Hüe de Grosbois, chargé d'affaires à Naples, pour faire saisir les biens, ou pensions, ou bénéfices, que les cardinaux pourraient posséder en Espagne, en Hollande et dans les Deux-Siciles. Le succès fut complet, et l'empressement des États où régnaient Joseph, Louis et Murat, à répondre à l'ordre venu de Paris, fut digne de l'activité avec laquelle il avait été transmis [1].

Cependant on n'eut, dans les trois pays, la possibilité de saisir qu'un seul bénéfice, appartenant à un seul cardinal, qui même n'en recevait rien.

Consalvi possédait à Cordoue un canonicat de 5,000 piastres de revenu, dont jadis le roi

---

[1] Voir aux *Pièces justificatives* (n° VI) les lettres échangées à cet égard avec les cours de Madrid et de Naples.

d'Espagne l'avait gratifié sans le consulter, avec les marques d'affection les plus honorables. Le cardinal n'avait jamais voulu en toucher les arrérages. « Je me décidai à remercier respectueusement, mais très nettement, a-t-il dit dans ses *Mémoires*[1]. J'adressai une lettre au roi Charles IV, et, tout en lui exposant mes raisons avec respect et reconnaissance, je déclinai l'offre. Le roi eut la bonté d'acquiescer à mon refus et de ne pas s'en offenser. Il m'écrivit que le bénéfice me resterait toujours et qu'il me le réservait pour le cas où, cessant d'être ministre, je n'aurais plus de motifs politiques à mettre en avant. » Et ce fut, au contraire, la politique, mais par un chemin bien détourné, qui l'enleva à Consalvi.

Enfin, le 10 juin, après deux mois d'expec-

[1] II, p. 123.

tative, un arrêté de police, exécutable dans les vingt-quatre heures, les dispersait dans plusieurs villes de l'est de la France, où leur internement devait être étroit. Le ministre leur alloua cinquante louis pour les frais du voyage et leur annonça un traitement de 250 francs par mois ; ils refusèrent cette offre dérisoire et partirent chacun en silence pour le lieu de leur exil, qu'ils acceptaient, avec saint Eusèbe, évêque de Verceil, « comme une fonction de leur ministère ».

CHAPITRE III

LES EXILÉS

Les villes d'exil. — Autorités civiles et religieuses. — Vie des cardinaux internés. — La municipalité de Sedan. — Les *Te Deum* du cardinal Ruffo-Scilla. — Gallicans et ultramontains. — Les *Mémoires* de Consalvi.

Rethel était assigné comme résidence aux cardinaux Mattei et Pignatelli; Mézières, aux cardinaux Scotti et della Somaglia; Reims, aux cardinaux Consalvi et Brancadoro. Mgr Galeffi et Mgr Saluzzo séjournèrent à Sedan, puis furent transférés à Charleville; Mgr Ruffo et Mgr Litta durent habiter Saint-Quentin; le cardinal Gabrielli, Montbard; le cardinal Oppizoni, Saulieu; après un certain temps, ces deux derniers reçurent l'ordre de partir pour Semur, où résidait déjà le cardinal di Pietro.

Assez distantes les unes des autres pour qu'aucune relation suivie ne fût possible entre les « internés », ces villes étaient situées dans la même région. Quelle pensée avait présidé à ces choix? Je serais embarrassé de le dire, mais l'imprévu entrait rarement dans les combinaisons de Napoléon.

On peut remarquer que toutes étaient des places fortes, tout au moins bâties sur des collines qui en protégeaient les abords. Des cours d'eau leur forment une ceinture : l'Aisne coule à Rethel; la Meuse, à Mézières, à Charleville et à Sedan; la Somme, à Saint-Quentin; à Reims, la Vesle; à Semur, l'Armançon; Montbard et Saulieu sont sur le canal de Bourgogne.

Aucune n'offrait grande ressource, peu présentaient quelque charme; des fabriques étaient, pour la plupart, la gloire du pays et l'aisance des habitants. Turenne avait vu le jour à Sedan, Vauban à Saulieu. « L'interprète de la nature », le *grand* Buffon, fut châtelain de Montbard où, pendant un demi-siècle, il cacha ses plaisirs et étala sa vanité. On croira que ses souvenirs intéressaient peu les cardinaux italiens. Sauf Reims avec sa cathédrale, ses grandeurs religieuses et son passé historique, nul séjour ne parlait au cœur d'un évêque ; c'était bien l'exil, sévère et pesant.

Ce brusque changement de vie pour des hommes dont la plupart étaient des vieillards [1], ne pouvait être que pénible. Peu entendaient la langue française, cinq seulement étaient en état de la parler sans embarras.

Par un raffinement inouï, qui montre à quelles petitesses la colère fait descendre un

---

[1] NN. SS. Mattei, Pignatelli, La Somaglia, Saluzzo avaient soixante-six ans ; Scotti, soixante-quatre ans ; di Pietro, soixante-trois ans ; Gabrielli, soixante-deux ans ; Ruffo, soixante ans ; Litta, cinquante-six ans ; Brancadoro, cinquante-cinq ans ; Consalvi, cinquante-trois ans ; Oppizoni, quarante et un ans, et Galeffi, quarante ans.

grand génie, on mit une attention toute spéciale à séparer les cardinaux qui habitaient ensemble à Paris ou qui étaient plus intimement liés [1]; et, comme de vieilles notes de chancellerie rappelaient qu'au conclave de 1800 Mattei et Pignatelli avaient soutenu deux avis opposés, on estima piquant de leur désigner une résidence commune. Le tour fut déjoué : les deux prélats, est-il besoin de le dire, oubliant facilement leurs anciennes divergences, à supposer qu'ils en eussent gardé le souvenir, vécurent en parfaite harmonie. Éloigné du cardinal di Pietro, son grand ami, Consalvi fut réuni à Reims à Mgr Brancadoro, avec qui il n'avait aucune relation. Mgr Saluzzo et Mgr Pignatelli vivaient à Paris sous le même toit, le premier partit pour Sedan, le second pour Rethel. On pourrait multiplier ces exemples.

[1] CONSALVI, *Mémoires*, t. II, p. 220 et 175.

En dépit de l'apparence politique que le Gouvernement affectait de donner à cette affaire, il éclatait à tous les yeux que c'était là une persécution religieuse. Cette situation de « confesseurs de la foi » et leur qualité de princes de l'Église n'allaient-elles pas attirer sur les exilés les honneurs, les égards, les respects du clergé et des évêques dans les diocèses où ils étaient envoyés[1] ?

Cette crainte était écartée pour les archevêques : à Paris, le siège était vacant, et quand il fut occupé peu après, le titulaire intrus s'appelait le cardinal Maury. L'archevêque de Besançon n'était pas moins acquis. Le trop fameux Le Coz, évêque constitutionnel et schismatique, ami de Grégoire, occu-

[1] En 1810, Semur, Montbard et Saulieu étaient du diocèse de Dijon (archevêché de Besançon) ; Reims, Rethel, Mézières, Sedan et Charleville, du diocèse de Meaux ; Saint-Quentin, de celui de Soissons. Les évêques de Meaux et de Soissons étaient suffragants de l'archevêque de Paris.

pait régulièrement son siège depuis le Concordat, mais il avait mis dans la rétractation de ses erreurs passées de telles réticences, déployé une telle obstination, qu'on peut conclure qu'il ne les a jamais reniées que de bouche. Il était peu enclin à la bienveillance vis-à-vis de disgraciés de l'empereur, de prélats ultramontains, de cardinaux.

L'évêque de Dijon, Mgr Reymond, était insignifiant.

Reims n'avait plus d'archevêché et dépendait du diocèse de Meaux; là, Mgr de Faudoas, prêtre très honorable, était resté assez homme du monde pour demeurer un peu courtisan. Il se trouvait l'oncle par alliance du duc de Rovigo. Il usait de cette parenté, qui ne le flattait guère, pour servir ses amis et, au besoin, les défendre. Comme Savary lui reprochait d'employer, contre la volonté de l'empereur, les Pères de la foi (des jésuites!)

dans son séminaire (le P. Loriquet y professait la philosophie !) : « Demeurez tranquille, répondit Mgr de Faudoas, j'en fais mon affaire ; je les ai placés tout exprès sous mes yeux, afin d'être plus sûr d'eux et de leurs démarches. » Le ministre de la police sourit et n'alla pas plus loin.

A Soissons, Mgr Leblanc de Beaulieu, ayant loyalement abjuré les erreurs où l'avaient entraîné, pendant la Révolution, ses maximes jansénistes, offrait l'exemple d'un évêque zélé, ferme, résolu, comme sa conduite au concile de 1811 l'allait montrer.

En somme, l'ensemble de ces nuances religieuses impliquait en haut lieu, pour les Cardinaux noirs, plus de réserve que de bienveillance ; elle présageait une sourde hostilité.

Sans partager les sentiments qu'exprimait avec grossièreté un agent du Gouvernement :

« Les prêtres commencent à se convaincre qu'il faut enfin plier le front et se retirer, suivant les ordres du Christ (?), dans les vestibules des temples[1], » le clergé séculier avait trop conscience de la pénurie de son recrutement et de la difficulté de sa mission, pour rien tenter en dehors de son ministère quotidien. C'était pour chaque paroisse une question de vie ou de mort; curés et vicaires ne se reconnaissaient pas le droit de distraire aucun de leurs efforts, de compromettre aucune de leurs récentes conquêtes en liant leur cause à celle de prélats en disgrâce.

De là une constante prudence, une grande réserve, une excessive retenue. Pour les Cardinaux peu ou point de ressources.

Les fonctionnaires qui dirigeaient l'admi-

---

[1] Dépêche d'Ortoli, agent consulaire de France à Rome, 22 mars 1810.

nistration des quatre départements ne paraissent pas avoir jamais oublié, envers les internés, les devoirs stricts de la bienséance ; mais on comprend que la circonspection la plus respectueuse pour les ordres de l'empereur, arrêtait toute velléité d'adoucissement.

La préfecture des Ardennes fut occupée, de 1810 à 1813, par M. Frain ; celle de l'Aisne, par le baron Méchain (1810) et le baron Malouet (1811-1813) ; celle de la Marne, par le baron Bourgeois de Tessaint (1810-1813) ; celle de la Côte-d'Or, de 1810 à 1812, par le baron Le Couteulx, et le comte de Cossé-Brissac, en 1813.

Pendant tout le temps d'exil des Cardinaux noirs, les sous-préfets furent, à Rethel : M. Noblet ; à Sedan : M. Philippoteaux ; à Saint-Quentin : M. Duncz ; à Semur : M. Gueneau d'Aumont. — Pour Reims, l'*Almanach impérial* mentionne M. le Roy; mais le cardinal Consalvi, dans ses *Mémoires*, nomme M. Ponsard.

Tout ce pays paraissait très dévoué à la cause bonapartiste; les idées révolutionnaires y avaient été facilement propagées, et Napoléon semblait tranquille sur l'esprit des populations. Comme il avait une mémoire excellente, il ne serait pas impossible qu'il se fût souvenu, en 1810, de son impression de 1805, lorsque, quittant le camp de Boulogne pour rejoindre l'armée qu'il dirigeait sur l'Allemagne, il avait séjourné dans cette petite ville de Semur, peu accoutumée à des hôtes si importants. L'accueil qu'il y reçut, les souvenirs qu'il y laissa, lui firent penser que c'était un endroit sûr et que les habitants étaient fascinés.

Mme de Rémusat a conté cet épisode avec agrément : « Les habitants étaient tout pleins de la grâce avec laquelle l'Empereur s'était montré dans cette petite ville, qui, par sa position loin de la grande route et son peu d'importance, ne s'est jamais crue digne d'attirer l'attention d'aucun Gouvernement. L'empereur a employé plus d'une heure à entretenir les chefs des habitants de ce qu'on pouvait faire d'eux et de leur territoire, des avantages à tirer de leur situation. Ils sont restés confondus, et fiers des moyens inconnus qui leur étaient découverts. Il a ravi tous ceux qui l'ont vu, il a soigné chaque autorité, il a été aimable pour le maire, gracieux et gai ; enfin, la ville de Semur est dans l'ivresse, et n'oubliera de longtemps cette visite. Une circonstance assez remarquable, c'est que, ville trop peu considérable pour attirer un souverain dans ses murs, elle n'avait jamais reçu aucun des siens, et que, depuis César, aucun homme remarquable n'y avait paru[1]. »

Le cardinal di Pietro passait, à tort du reste, pour le rédacteur de la bulle d'excommunication ; Napoléon avait été frappé de sa science théologique lors des négociations du Concordat, et lui en avait témoigné de l'estime quand, au moment du sacre, il accompagna Pie VII à Paris. C'était assez à ses yeux pour l'accuser « d'ingratitude », parce qu'il ne faisait pas plier sa conscience devant les exigences de l'Empereur, et sa colère était vive contre lui.

Semur lui fut assigné comme résidence. Il y vécut d'abord seul, résigné à son sort, gardant avec tous la réserve, la gravité, qui étaient le fond de son caractère, ne laissant jamais échapper une plainte contre son persécuteur, s'exprimant même avec respect sur

[1] Lettre de Mme de Rémusat, 2 mai 1805, t. I, p. 116.

le compte de Napoléon, quand il l'envisageait comme « soldat » ou comme « souverain ».

Après quelques mois, il vit arriver deux de ses collègues : les cardinaux Oppizoni et Gabrielli, transférés de Saulieu et de Montbard à Semur.

Mgr Gabrielli, « homme éminemment honnête [1], » avait été secrétaire d'État de Sa Sainteté, dans les circonstances les plus graves, du 27 mars 1808 au 17 juin 1809. C'était lui qui avait dû protester officiellement contre la violation du territoire pontifical, et il l'avait fait dans les termes les plus diplomatiques, mais aussi les plus sévères, parlant de la vengeance et de la victoire définitive de Dieu, « le Seigneur des dominateurs » ; langage dont s'exaspéra Napoléon, qui n'aimait pas à entendre rappeler

---

[1] Dépêche de Lefebvre, 15 avril 1808. *Affaires étrangères*, Rome, vol. 941.

les limites de sa puissance. Mꬱʳ Gabrielli acceptait son exil avec patience, s'appliquant à lui-même les paroles qu'il avait mises dans la bouche du Pape : « Toujours résigné au jugement de Dieu, rassuré en même temps par la pureté de sa conscience, sachant qu'il souffre pour la justice, fidèle à ses devoirs, il laisse au Ciel le soin de sa protection et lègue à la postérité le jugement de sa cause. »

Sa modération et sa modestie étaient grandes : les autorités de Semur en furent touchées et s'efforcèrent de lui rendre doux et paisible le séjour de leur petite ville. Accompagné d'un aumônier et de deux domestiques, il occupait un modeste logement de 500 francs par an; un traiteur lui portait un unique repas par jour, et quatre personnes se contentaient de ce maigre festin[1].

---

[1] Rapport du préfet de la Côte-d'Or, 3 août 1810. — *Archives Nationales*, F⁷ 6538.

Je trouve sur ces trois cardinaux des détails qui ont leur prix dans de courtes notes d'histoire locale ; elles résument leur vie en Bourgogne :

« Pendant son séjour, le cardinal di Pietro habita la maison de Saint-Vernier, située au bout des Bordes ; elle appartenait alors à Mme de La Rivière. C'était un homme laborieux, très instruit, plein de foi et d'énergie. Il sortait peu et travaillait continuellement. En voyant son portrait, conservé à Semur, on lui donnerait soixante-dix ans, quoiqu'il n'en eût alors que soixante-trois ; mais le chagrin et les tribulations l'avaient vieilli considérablement ; sa figure, grosse et ronde, est pleine de dignité.

« ..... Le cardinal Gabrielli était logé, près de l'hôpital, dans la maison de Mme Varenne. Il célébrait la messe dans la chapelle de l'hôpital, avec de grands sentiments de piété et souvent en versant des larmes abondantes. Il était grand, maigre, pâle et très recueilli. Son portrait dénote un homme d'une cinquantaine d'années, bien qu'il en eût alors plus de soixante. Il était accompagné d'un secrétaire appelé M. l'abbé Ferucchi.

« Le cardinal Oppizoni occupait, dans la rue Buffon, la maison la plus rapprochée du porche, à droite, en venant de la place Notre-Dame. Il disait sa messe dans une chapelle particulière établie dans la maison des demoiselles Labbé, de l'autre côté du porche. Il laissa, comme souvenir, à ces demoiselles, une chasuble en drap d'or, qui a servi, durant de longues années, à célébrer les messes de mariage et la première messe les jours de fête. Son portrait indique un homme de quarante à quarante-cinq ans. Sa figure est un peu ovale et maigre, et sa physionomie spirituelle.

« Le 5 septembre 1842, il envoya de Bologne, à l'église Notre-Dame de Semur, des reliques de la vraie croix, des apôtres Pierre et Paul et de plusieurs autres saints...

« ... Ces trois princes de l'Église portaient des soutanes noires avec revers et ornements rouges. Ils menaient une vie fort retirée, le cardinal di Pietro surtout; ils avaient des relations très rares avec les personnes notables de la ville de Semur et des villages voisins. Ils ont obtenu à la chapelle de l'hôpital plusieurs indulgences plénières... Tous les trois ont laissé les meilleurs souvenirs à Semur, où ils étaient très respectés et considérés par tout le monde comme de généreux confesseurs de la foi, souffrant avec beaucoup de patience, de courage et de résignation, d'injustes persécutions.

« ... Les trois cardinaux parurent pleins de joie et de confiance en Dieu, lorsqu'on leur annonça qu'ils allaient quitter un internement, déjà bien dur et bien pénible, pour entrer dans une véritable prison (Vincennes), parce qu'ils savaient que Dieu récompense d'autant plus magnifiquement ses serviteurs fidèles, qu'ils ont plus souffert pour son amour et pour la gloire de son saint nom[1]. »

Dans les procédés courtois des municipalités, il y avait certainement une belle victoire remportée sur le zèle administratif, qui se laisse difficilement aller à la compassion, et que le pouvoir central tenait en haleine dans son rôle de surveillance, témoin cette lettre du 8 août 1810 :

« Monsieur le préfet, vous avez dans votre département les cardinaux Galeffi, della Somaglia, Mattei, Saluzzo, Pignatelli, Scotti, de-

---

[1] Abbé Lucotte, *Les Cardinaux noirs à Semur-en-Auxois*. — *Bulletin d'histoire et d'archéologie religieuses du diocèse de Dijon*, novembre-décembre 1885.

puis le commencement de juin. Sa Majesté peut me demander d'un moment à l'autre des renseignements sur leurs relations avec la société et celles de la société avec eux dans les villes qu'ils habitent. Veuillez m'écrire de temps en temps ce qui parviendra à votre connaissance.

« Agréez, Monsieur le préfet, l'assurance de ma considération distinguée.

« *Le ministre des Cultes,*
« Bigot de Préameneu [1]. »

A Mézières vivaient les cardinaux della Somaglia et Scotti.

Le premier était un véritable homme d'État et un grand seigneur. Sa famille, des plus

---

[1] C'est aux archives de Mézières que se trouve ce document. J'en dois l'obligeante communication à M. Laurent, archiviste du département des Ardennes, qui n'a pas trouvé trace de la réponse, faite cependant le 7 septembre 1810 comme l'indique une note en marge sur la pièce originale.

considérables de Plaisance, était protégée par les ducs de Parme ; Albéroni fut son parrain. Tout jeune encore, après une éducation fort cultivée, il était entré dans la chancellerie romaine, et la fameuse allocution où Pie VI annonçait au Sacré Collège l'attentat du 21 janvier 1793, était de sa main. Ses relations avec la cour de France lui avaient inspiré le culte des Bourbons : il avait fait composer un grand tableau sur la « canonisation de Louis XVI », et cet attachement pour la famille royale donnait à son exil une légère teinte politique qu'il ne repoussait pas.

Homme du meilleur monde, instruit, éloquent, aux manières élégantes, il exerçait sur ceux qui l'approchaient la séduction d'un noble caractère et d'un esprit délicat ; Mme de Staël, peu suspecte de bienveillance envers les prêtres romains, n'y avait pas échappé. « Ce sont les cardinaux, en vérité, qui me plaisent davantage, écrivait-elle en février 1805 ; comme ils ont gouverné, comme ils ont eu affaire avec les hommes et les choses, leur tête est beaucoup moins aride ; Consalvi, Erskine, La Somaglia, surtout, me plaisent extrêmement. »

Avec ses vieux remparts et ses petits quais sur la Meuse, Mézières, sombre et resserrée, ne pouvait offrir un grand attrait au cardinal della Somaglia, habitué aux vastes places de Rome et aux larges rues de Paris. La solitude fut un peu égayée par l'arrivée à Charleville (une simple chaussée sépare les deux villes) des cardinaux Galeffi et Saluzzo, dont le séjour à Sedan n'avait été que provisoire. Ils avaient loué une petite maison momentanément libre ; on chercha vainement pour eux un logement plus convenable, et on proposa enfin les bâtiments du collège. Mais Réal déclara la chose « de toute inconvénance ¹ ». Autorisés à s'installer dans les petits hameaux voisins : Balan et Torcy, ils n'y allèrent pas.

La municipalité de Sedan fut pleine de respect : elle était composée de braves gens, hospitaliers, désireux de bien faire, mais un peu naïfs, si l'on en juge par la crédulité avec laquelle, au mois de mai 1813, ils accueillirent un imposteur qui, soigné à l'hôpital, se fit passer pour le cardinal de Bourbon, archevêque de Tolède. Ils écrivirent aux cardinaux Saluzzo et Galeffi pour qu'ils vinssent au secours de leur « collègue », malade et sans argent. Ceux-ci eurent quelque peine à détromper ces bourgeois romanesques, mais l'aventure indique les bons souvenirs qu'avaient conservés d'eux leurs anciens hôtes ².

---

[1] *Archives Nationales*, F⁷ 6329.
[2] On lit tout le détail de cet épisode dans les *Mémoires* (II. p. 143-145) du cardinal Pacca, qui raille notre facilité française à croire aux bruits les plus vagues, et remarque, avec malice,

Charleville et Sedan sont deux villes de manufactures où la population ouvrière se montra toujours déférente pour les exilés, que d'ailleurs l'on rencontrait fort peu [1]. Il en fut de même à Saint-Quentin, où les fabriques ne sont pas rares. Là étaient internés Mgr Litta et Mgr Ruffo.

Celui-ci, des princes de Scilla, avait, comme archevêque de Naples, refusé de prêter serment, en 1806, à Joseph Bonaparte : il savait, de longue date, ce que commande la fidélité à son prince.

que nous n'avons pas changé depuis César qui disait des Gaulois : *Rumoribus atque auditionibus permoti*.

[1] Leur vie était si modeste que nul souvenir de leur séjour ne se retrouve aujourd'hui. L'abbé Prégnon, qui a écrit trois gros volumes sur l'*Histoire du pays et de la ville de Sedan*, ne fait aucune mention des cardinaux exilés. Cette remarque s'étend à Saint-Quentin. J'ai vainement parcouru le *Dictionnaire des rues, places et carrefours* de cette petite ville, au tome II des *Études saint-quentinoises* de Gomart, espérant y trouver, au milieu de renseignements de second ordre, une indication sur le lieu de leur habitation, de 1810 à 1813. C'eût été une très naturelle mention, curieuse pour l'histoire locale. Pas une ligne.

Il fut l'objet d'un mauvais rapport de la part du baron Malouet, préfet de l'Aisne, qui, en 1810, le signalait ainsi au duc de Rovigo : « Il finit habituellement la journée par un *Te Deum* chanté par lui, ses chapelains et ses gens, dans son salon, les fenêtres ouvertes ; ce qui attire autour de sa maison un rassemblement considérable de gens dont les uns sont édifiés de la ferveur du prélat, et dont les autres rient. Cette bizarrerie dans la conduite du cardinal est évidemment contraire au respect dû à la religion qu'il croit honorer. »

Tout aussitôt il y eut lettres, enquêtes, informations ; mais le sous-préfet de Saint-Quentin, mieux placé pour apprécier les choses, apaisa cette tempête en rectifiant les exagérations : le cardinal Ruffo ; est sourd ses aumôniers, pour se faire entendre, sont obligés d'élever la voix ; quelques enfants s'arrêtent à ce bruit sous les fenêtres, et voilà tout [1] !

Le cardinal Litta avait le singulier privilège, je ne sais à quel titre, d'exciter la verve de l'empereur, et c'était, en général, à lui personnellement que, dans les audiences, s'adressaient les apostrophes, les railleries, les remontrances qui visaient tout le Sacré Collège. L'éloignement de Paris, où ces scènes de violence tendaient à se multiplier, ne pouvaient lui causer un bien vif regret.

En eût-il éprouvé, que l'étude lui eût apporté un dédommagement. Il passait de longues heures à sa table de travail : comme littérateur, il traduisit en italien les chants de l'*Iliade* ; comme théologien, il composa un mémoire sur les fameux *quatre articles* de l'Église gallicane, dont l'ignorance et la mauvaise foi prétendaient s'armer [2].

---

[1] *Archives Nationales*, F⁷ 6329.
[2] *Lettres sur les quatre articles dits du clergé de France*.

A Rethel, le cardinal Mattei occupait ses loisirs forcés d'une façon également studieuse : transcrivant les réflexions que lui inspiraient sa haute piété et son ardente dévotion ; d'où son livre très goûté du public religieux, quand il fut imprimé à Rome trois ans plus tard : « *Méditations des vérités éternelles* pour faire les exercices spirituels suivant la méthode de saint Ignace, distribuées en huit jours. »

Son compagnon à Rethel, le cardinal Pignatelli, « vieillard vénérable, d'un caractère un peu sévère, dont les sentiments de magnanimité ne démentaient pas l'illustre naissance, » ne sortait guère de ses appartements, à la suite d'une attaque d'apoplexie.

Ces vingt-neuf lettres, d'un très bon style, furent publiées à Rome et devinrent promptement célèbres en Italie. En 1826, une édition parut, causée par La Mennais.

« Ils boivent, mangent, dorment, prient Dieu, font quelques aumônes et distribuent des images aux enfants, » écrivait d'eux le sous-préfet, M. Noblet, fonctionnaire bel esprit, qui, en recevant la visite de ces « messieurs », éprouvait « le sentiment du respect qu'inspire la seule vue de cheveux blanchis par soixante-sept révolutions du soleil et le malheur des grandes chutes [1] ».

Leur présence, si modeste et si cachée qu'elle fût, avait fait sensation parmi la population catholique de Rethel : le souvenir en est conservé dans cette page d'une chronique provinciale :

« En 1810, deux cardinaux, NN. SS. Pignatelli et Mattey (*sic*), venaient d'arriver à Rethel pour y rester en surveillance. Une lettre signée Bigot de Préameneu annonça

---

[1] Rapport au duc de Rovigo, 11 janvier 1811.

que les intentions de l'empereur étaient qu'ils fussent traités avec égard, sans rigueur, mais aussi sans éclat. Les cardinaux furent traités avec respect ; ils étaient graves et sérieux, charitables et empressés pour faire le bien ; quelques personnes assistaient souvent à la messe qu'ils célébraient dans leurs appartements, principalement chez M. Coche, Grande-Rue, dans le salon faisant partie de la maison appartenant aujourd'hui à M. Chappe [1]. »

Ce contact immédiat des cardinaux italiens et des catholiques français eut un double et très heureux résultat : ceux-là connurent de près le clergé et les fidèles de France ; ceux-ci, à leur tour, purent les apprécier ; réciproquement, les préventions s'évanouirent. Dieu sait ainsi tirer le bien de son Église de

---

[1] *Rethel et Gerson*, par Ch. Pauffin, p. 210. (Paris et Rethel, 1845.)

circonstances qui semblent devoir lui être défavorables.

Dans ce commerce journalier, les uns admirèrent les vertus et la science de nos prêtres, que leur avaient voilées les exagérations de la théologie gallicane ; les autres goûtèrent le charme de cette aménité et de cette prudence romaines que de vieux préjugés ne leur faisaient pas soupçonner chez des prélats auxquels ils donnaient avec méfiance le nom assez vague « d'ultramontains ».

Le cardinal Pacca avait nourri ces préventions, peut-être en avait-il été lui-même l'objet ; il lui appartient de dire comment les unes et les autres sont tombées.

« ... Peu prévenu dès ma jeunesse en faveur des Français, j'avais cependant conçu une haute idée du clergé de cette nation. Lorsque plus tard je fus à même de connaître un grand nombre d'évêques français, mon estime pour le clergé de France ne fit que s'accroître. Que le clergé des autres pays où j'ai demeuré quelques années, et le clergé d'Italie surtout me pardonnent cet aveu : il me semble que le clergé de France les surpasse tous par l'instruction, par l'éducation et par le talent pour la parole évangélique.

« ... Les persécutions subies par les Églises de France et d'Italie, en forçant les prêtres de ces deux nations à se fréquenter, ont rapproché les fils de la même mère, et préparé une réconciliation de famille. En général, les prêtres italiens ne pouvaient croire que les défenseurs des *quatre articles* pussent, en matière ecclésiastique, penser et agir catholiquement (qu'on me passe cette expression). Ils avaient puisé cette opinion dans les mémoires des jurisconsultes français, dans les arrêts des parlements et dans tant d'autres ouvrages infectés de jansénisme où ils découvraient, en effet, sous le voile des *libertés de l'Église gallicane*, le venin du schisme et de l'hérésie.

« Les prêtres français, de leur côté, n'avaient pas en général une juste idée des doctrines romaines qu'ils appellent ultramontaines. Les philosophes, en présentant sans cesse sous un point de vue ridicule et perfide nos maximes, avaient réussi à persuader à ceux qui n'examinaient pas ces questions par eux-mêmes, c'est-à-dire au plus grand nombre, que les doctrines romaines étaient absurdes et qu'elles *répugnaient au bon sens*, selon l'expression soldatesque de Napoléon. Dans plusieurs conversations que j'eus avec de respectables ecclésiastiques français, je ne tardai pas à m'apercevoir qu'ils nous attribuaient des maximes exagérées sur l'exercice de la juridiction primatiale du Pape..., ils n'avaient jamais lu nos meilleurs ouvrages contre les quatre propositions. Plusieurs de mes collègues en recommandèrent la lecture aux prêtres français qu'ils fréquentaient, et j'ai su que leurs conseils furent suivis d'heureux résultats.

« Ce ne fut pas, au reste, le seul bon effet que produisit la présence en France de ces illustres exilés ; elle réveilla l'ancienne estime de cette nation pour le clergé d'Italie et surtout pour celui de Rome [1]. »

Si quelqu'un pouvait faire naître l'estime et gagner la confiance, c'était bien le cardinal Consalvi, à l'esprit fin, aux manières douces et séduisantes qui le firent nommer « la Sirène ». Reims lui avait été assigné pour séjour, ainsi qu'au cardinal Brancadoro. Ce n'était plus la grande ville ecclésiastique du sacre, on lui avait supprimé jusqu'à son ar-

---

[1] Pacca, *Mémoires*, t. II, p. 179 et suiv.

chevêché, et sa gloire ne résidait plus que dans ses souvenirs.

Modeste, cachée, humble, telle y était l'existence de l'exilé. « Voici quatre mois que j'habite Reims, et j'y mène la même vie retirée qu'à Paris. Je n'ai accepté aucune invitation. Je n'ai pas d'autres connaissances que les trois ou quatre maisons auxquelles j'étais recommandé. Je n'ai jamais assisté à aucune fête, à aucune réception. J'ai toujours passé mes soirées chez mon compagnon qui a tenu la même conduite. Nous vivons entre nous, nous faisons et rendons seulement quelques visites de politesse, selon les circonstances. Notre position, celle de notre chef, du Saint-Siège et de l'Église, ne permettent pas à un cardinal d'agir autrement. Tel est du moins mon avis[1]. »

Des amis discrets, rares, mais dévoués, ou-

---

[1] *Mémoires*, t. II, p. 221.

vraient leur maison à Consalvi. Mme de Guignicourt était du nombre, et le cardinal lui conserva une reconnaissance qu'il traduisit plus tard dans son testament avec un fidèle souvenir pour ceux qui avaient adouci les tristesses de son exil [1].

Au mois de janvier 1811, après l'arrestation de l'abbé d'Astros, les deux cardinaux durent comparaître devant le sous-préfet

---

[1] On lit dans ce testament, rédigé le 1er août 1822 par le cardinal Consalvi, parmi la liste de ses très nombreuses largesses, les legs suivants :

« ... A Mme la marquise de la Rianderie, à Paris, un camée nacré de jaspe couleur de sang. A Mlle Alexandrine, sa fille, un médaillon en camée.

« A Mme la baronne de Guignicourt, à Reims, un écritoire en écaille de tortue, avec arabesques d'argent doré, et divers objets d'or.

« A M. le chevalier Charles de Thuisy, à Paris, la tabatière couleur pourpre, avec camée, et un sceau fait d'une topaze d'Angleterre.

« ... A Mlle Joséphine Lion, à Reims, un « souvenir ».

« ... A M. l'abbé Boucard, de Béziers, une tabatière d'or émaillée et deux petits chandeliers de marbre avec figurines de bronze doré. »

Le cardinal nous donne ainsi la liste des personnes qui, en France, avaient eu de lui un soin particulier.

pour être interrogés. Cette alerte montre combien était précaire leur sécurité; aussi vivaient-ils au jour le jour, sachant que leur domicile n'était jamais à l'abri d'une descente de police.

Consalvi, qui a profité de ses longs jours de solitude pour écrire ses *Mémoires*, déclare les rédiger « au milieu des plus grands dangers, assiégé par la crainte incessante de se voir surpris, composant un travail qui pourrait lui coûter cher [1] ». Heureusement, il a pu le mener à bien, le soustraire aux regards des agents de police et nous laisser ainsi les plus intéressants souvenirs : *Mémoires sur diverses époques de ma vie* (écrits en octobre 1810); —

---

[1] « J'ai rédigé ces mémoires dans des heures si critiques que, pour en donner une faible idée, il suffira de dire qu'aussitôt après avoir terminé une feuille, je devais la cacher en lieu sûr, afin de la soustraire aux recherches imprévues que nous avions toujours à redouter. » CONSALVI, t. II, p. 494. — 7 février 1812.

Mémoires sur mon ministère (en février 1812) ; — *Mémoires sur le Conclave de Venise* pour l'élection de Pie VII (été de 1812); — *Mémoires sur le Concordat de* 1801 (fin de 1812)[1].

Cette existence quasi-claustrale n'attirait pas les regards, et leur présence demeura presque inaperçue de la foule. Je n'ai pu retrouver aucune trace de leur séjour, reconstituer aucun vestige de leur passage; les archives de la Marne ne renferment pas un seul document les concernant, sauf cette mention sommaire d'un manuscrit de la bibliothèque de Reims : « 1810. — En juin, deux cardinaux, Leurs Excellences Gonzalvi (*sic*) et Brancadoro, qu'on avait exilés à Paris,

---

[1] Je transcris le titre de ces manuscrits dans l'ordre de leur composition, qui est aussi l'ordre logique de leur lecture. Je ne sais pourquoi, en les publiant, Crétineau-Joly leur a donné un classement différent, qui bouleverse la chronologie et choque le bon sens.

arrivèrent à Reims. L'empereur les envoyait dans cette ville parce qu'ils avaient refusé d'assister à son mariage au mois d'avril précédent. Les trois prêtres italiens qui étaient à Reims vont à Paris [1]. »

Rayés qu'ils étaient de la liste des vivants, oubliés de tous, sauf du Pape, qui priait pour eux, de quelques catholiques qui les secouraient, et de l'empereur qui les poursuivait de son implacable colère, — si le spectacle de la fortune de leur persécuteur pouvait exciter leur étonnement, il ne leur arrachait pas une parole irritée ; leur conscience restait fière, leur esprit calme ; les vues certainement trop humaines de leurs collègues les peinaient, sans altérer leur fermeté personnelle : « Les cardinaux rouges sont restés à Paris, et l'on dit qu'ils fréquentent le grand

---

[1] *Abrégé historique sur l'histoire de Reims*, par LACATTE-JOLTROIS. Ms. de la bibliothèque de Reims, t. II, p. 562.

monde, » écrivait Consalvi avec une douceur attristée.

Avaient-ils le cœur plus tranquille, ces prélats jetés dans le constant souci de ne pas déplaire au maître? Napoléon a répondu pour eux et aussi pour ceux qu'il frappait, en disant : « L'homme heureux est celui qui se cache de moi, au fond de quelque province. »

CHAPITRE IV

LES FIDÈLES

L'œuvre des Cardinaux noirs. — *La Caisse des Confesseurs de la Foi.* — Un ouvrier catholique. — Les femmes chrétiennes. — Le chevalier quêteur. — Les dénonciations du cardinal Maury. — La terreur impériale. — Voyage de Mathieu de Montmorency. — Un déjeuner de Napoléon.

Nous venons de voir quelle existence menaient les Cardinaux noirs. Mais de quoi vivaient-ils? Sans traitement de l'État, sans revenus de leurs diocèses, sans la jouissance de leurs biens patrimoniaux, quelles pouvaient être leurs ressources?

Ce fut la charité des fidèles qui y pourvut et d'une manière si régulière que nous trouvons là l'organisation première des forces catholiques à notre époque.

Pour modeste qu'elle fût, l'*Œuvre des Cardinaux noirs* est le point de départ de ces œuvres militantes, qui ont eu le double avantage d'arrêter les ennemis de l'Église et de fortifier ses enfants.

Déjà, sans doute, les membres de la *Congrégation*, depuis huit ans, avaient appris à secourir les malades des hôpitaux, à visiter les prisonniers, à catéchiser les enfants pauvres [1]; mais c'étaient là les effets de la charité évangélique, précepte qui s'adresse à tous, en tout temps, et qui demeure individuel. Autre chose est un mouvement collectif qui se traduit à certains moments, dans la vie sociale.

Plusieurs congréganistes avaient spontanément franchi le fossé qui sépare l'action privée de l'action publique, en répandant, à

[1] *La Congrégation* (1801-1830), chapitre x.

leurs risques et périls, la bulle d'excommunication[1]. Les circonstances leur créaient, à eux catholiques, des devoirs nouveaux; pour y satisfaire, il leur fallait une organisation spéciale, indépendante de leur association de piété.

Sans quitter la Congrégation, qui répondait aux besoins de leur cœur et satisfaisait aux préceptes de la charité, ils créèrent un groupement distinct pour obéir à leur zèle d'enfants de l'Église. Protéger des prélats étrangers contre l'arbitraire du Gouvernement de la France, est une situation délicate pour des Français; mais ici aucune hésitation ne paralysa leurs efforts, leur patriotisme n'eut aucune concession à faire, aucun regret à éprouver; ils pouvaient se confier, en toute sécurité de conscience à ce sentiment de fraternité

[1] *Id.*, p. 105-106.

chrétienne qui ne connaît pas de frontières.

Eugène de Montmorency avait apporté à Paris la bulle d'excommunication, Alexis de Noailles l'avait copiée et répandue ; Mathieu de Montmorency fut l'âme de la société qui se créa spontanément pour fournir des subsides aux cardinaux réduits à la besace.

La police avait mis les scellés sur leurs meubles, au lendemain de la scène des Tuileries ; ils durent quitter leurs appartements. Les amis les plus intimes leur procurèrent un gîte, leurs bourses s'ouvrirent, et quelques rouleaux d'or les tirèrent d'un embarras si soudain. Il devint nécessaire de régulariser ces aumônes du premier jour, de les faire naître, puis parvenir. L'œuvre prit le nom de *Caisse des confesseurs de la foi.*

Déjà, au mois de juillet 1809, lors du passage à Grenoble de Pie VII, Mathieu de Montmorency était accouru mettre sa fortune à ses pieds. Ce fut le même service qu'il voulut remplir auprès des cardinaux. Il se vit soutenu par un prêtre modeste, populaire par son zèle et sa charité : l'abbé Legris-Duval, qui avait fait ses preuves de courage en allant, le 20 janvier 1793, s'offrir à la Commune de Paris pour porter à Louis XVI le secours de son ministère, et donné la mesure de son dévouement en fondant l'œuvre des *Orphelines de la Révolution*.

Il convient d'écrire avec respect les noms des hommes et des femmes de cœur qui répondirent à leur appel. Le chevalier de Thuisy, les abbés de Bonnefoi, Perreau, de Selve, d'Haulet, de la Palme, Rey et Tournefort ; — Adrien de Montmorency, Charles de Mazenod, Martial de Loménie, le comte de Roucy[1], M. de Grosbois, — les princesses de

---

[1] Je crois qu'il faut écrire ainsi le nom de M. de Roucy et ne pas le confondre avec le comte de Roussy, mari de Mlle de

Poix [1] et de Chimay, la duchesse de Duras, Mmes de Paravicini, de Raffin, Leclerc et de Saint-Fargeau, les marquises de Croisy [2] et de Cordoue [3], la comtesse de Saisseval, Mmes de Choiseul et de Quinsonas. — L'abbé d'Astros, vicaire général de Paris, et l'abbé Desjardins, curé de l'église des Missions, furent loin de demeurer étrangers à ce mouvement.

Tous et toutes étaient faits pour pratiquer l'apostolat dans ce qu'il présente de plus héroïque, la charité dans ce qu'elle offre de plus ingénieux. Braver le danger d'une dénonciation, d'une imprudence, d'une fausse

---

Sales, de la famille du saint évêque de Genève, parent de M. de Bonald, plus tard congréganiste et membre de toutes les bonnes œuvres pendant la Restauration, mais qui, sous l'Empire, était sous-préfet d'Annecy.

[1] Par suite d'une faute d'impression, sans doute, M. Mayol de Luppé la nomme à tort la princesse de Foix.

[2] Marie Billard, marquise de Croisy, était une pénitente de l'abbé Legris-Duval ; aucune bonne œuvre ne lui fut étrangère ; elle mourut à cinquante-six ans, le 27 décembre 1823.

[3] Mlle de Montboissier.

démarche, éviter l'indiscrétion d'un domestique, le soupçon d'un homme de police, les questions d'un désœuvré, ne pas faire un voyage de fantaisie, ne pas écrire une lettre de badinage, ne pas lire un livre suspecté, ne pas risquer un geste d'impatience, tel était le rôle délicat d'un membre de l'association, et cela en un temps où le cabinet noir ouvrait toutes les lettres, où les causeries du coin du feu étaient rapportées, où l'habitude de courber la tête avait donné aux âmes l'empreinte de la lassitude et marqué les visages du cachet de la servilité.

Le futur évêque de Marseille, Charles de Mazenod, alors séminariste à Saint-Sulpice, apprenant que le cardinal di Pietro, pour ne pas compromettre plus longtemps le collège irlandais où il trouvait l'hospitalité, allait se trouver sans logement avec six francs pour toute ressource, courut chez la mère de Soyecourt.

Celle-ci, après avoir racheté le couvent des Carmes de la rue de Vaugirard, en souvenir de son père massacré, et pour honorer l'ancienne maison de son ordre, avait réuni là les Carmélites dispersées par la Révolution. Elle n'hésita pas à offrir un asile au ministre de Pie VII : « Monseigneur, vous avez possédé pendant quelque temps les clefs de saint Pierre[1] ; veuillez accepter maintenant celles du jardin des Carmélites pour vous y promener à votre gré. » C'est de cette retraite que le cardinal était parti pour Semur. Mᵐᵉ de Soyecourt prit dès lors une part active dans tout ce qui s'organisa en faveur des exilés.

J'ai aimé à retrouver dans les vieux cartons des Archives la trace d'un pauvre ouvrier catholique qui joignait la modestie

[1] Allusion au rôle du cardinal chargé provisoirement, après la mort de Pie VI, de la direction des affaires pontificales.

de son dévouement aux efforts de ces gens du monde.

Jean-Baptiste Le Mathe, garçon imprimeur à Bordeaux, faisait partie de la Congrégation de cette ville dont était directeur l'abbé Chamiade, chanoine honoraire de la cathédrale. Son maître certifiait « qu'il était un des ouvriers qui honorent le plus leur profession par leur moralité ». — Venu, en 1811, travailler à Bayonne, il fut arrêté pour avoir répandu une « prière pour le Pape », et le rapport de police qui lui accorde « des mœurs sévères », ajoute qu'il tient beaucoup à sa religion, « qu'il a la manie très dangereuse d'imprimer les formules des prières qu'il recueille [1] ».

C'était alors une des grandes occupations de la police de l'empire : saisir les livres, bro-

---

[1] *Archives nationales*, F⁷ 6531. Dossier Lallemand.

chures, feuilles volantes ou lettres traitant des choses religieuses et surtout de la situation de Pie VII [1].

On la voit perquisitionner plusieurs fois chez Rusand, le libraire de Lyon, et d'ailleurs ne rien trouver. Elle était en éveil dans toute cette région de la France, et elle y suivait les traces de l'abbé Perreau, devenu tout à coup un personnage considérable.

Ancien précepteur des enfants du prince de Chalais, recueilli par Mme de Carcado, lorsqu'il fut dans le dénuement, il était alors signalé par les sbires de Savary comme un « prêtre

---

[1] Le 13 septembre 1811, on saisit et on brûle à Turin 192 estampes représentant Pie VII. On s'empare aussi, avec un luxe de précautions bien inutiles, de 330 tabatières de carton sur le couvercle desquelles était reproduite cette même estampe avec l'inscription :

« *Pius VII P. M. virtute indutus ex Alto, Jesum Christum Dominum Nostrum pro gregi sibi credito cum lacrymis et clamore valido, clauso super se ostio, confidenter deprecatur.* »

Voir : WELSCHINGER, *La censure sous le premier Empire*, p. 203.

de Paris, agent actif du parti ». Dans le mois de novembre 1810, il se rendit clandestinement à Lyon, d'où il expédia un émissaire à Savone. Il partit ensuite pour Semur afin de remettre au cardinal di Pietro les pièces que cet émissaire avait rapportées, et ne fut de retour à Paris que le 20 décembre. « On trouva dans ses papiers un grand nombre d'écrits séditieux sur les affaires ecclésiastiques et une *discussion dans le sens le plus coupable sur le mariage de Sa Majesté* [1]. »

En partie, ces renseignements étaient exacts. M. Perreau avait été recevoir à Lyon les dépêches de Pie VII, des mains de Bertaud du Coin. Il y avait là toute une organisation catholique : Bertaud du Coin était en relations avec l'abbé de La Bruyère, habitant

---

[1] *Archives nationales,* F7 6529.

Marseille [1], à qui André Morelli [2], valet de chambre du Saint-Père, remettait les pièces que l'on voulait faire parvenir aux cardinaux.

De Lyon, ces documents, par les soins de M. Franchet d'Espérey, arrivaient à Paris, à Vanney, commis du banquier d'Audiffret, qui les portait chez l'abbé Perreau. A la fin de 1810, ce dernier se rendit lui-même à Lyon, séjourna chez Mme de Raffin, au château de Saint-Vincent du Boisset près de Roanne [3], puis à Nemours, chez un congréganiste qui

---

[1] L'abbé Écolasse de La Bruyère, né à Saint-Lô en 1766, était précepteur de don François de Paul, fils de Charles IV. Arrêté en septembre 1811, il ne fut mis en liberté que le 6 décembre 1813, bien qu'on n'eût rien pu relever contre lui, si ce n'est un voyage à Paris où il était venu acheter des atlas pour son élève, chez Goujon, rue du Bac.

[2] Enfermé à la Force (janvier 1811). Le cardinal Fesch intercéda pour lui et obtint, en mars 1812, qu'il fût renvoyé à Rome.

[3] Mme de Raffin, née Beaudinet de la Salle, était cousine du duc de Cadore Très liée avec les abbés Perreau, d'Haulet, Recorbet; fort charitable. Les perquisitions faites à son château furent sans résultat.

devait être un grand promoteur des œuvres parisiennes, M. Bordier [2], et enfin à Fontainebleau, chez Mme de Paravicini.

Arrêté à son retour, — il ne recouvra la liberté qu'en 1814, — ses papiers donnèrent les noms de plusieurs de ses amis qui tout aussitôt furent appréhendés : en Savoie, l'abbé de la Palme, chanoine de la cathédrale de Chambéry, que le préfet du Mont-Blanc « sermonna », puis fit relâcher ; l'abbé Rey, secrétaire de l'évêché, que ses relations avec Bertaud du Coin firent garder trois ans en prison, sans jugement ; à Metz, le vicaire général, l'abbé Tournefort, très lié avec M. d'Astros. On le conduisit à la Force, et comme il avait quêté pour les Cardinaux noirs (en

---

[2] Principalement l'œuvre du catéchisme aux Savoyards. C'était un intime de M. Dupont, « le saint homme de Tours ». Il allait rendre visite à l'abbé Perreau, rue Cassette, au moment où les agents perquisitionnaient ; il fut arrêté comme « ami », et conduit à la Force sans autre forme de procès. Il fut relaxé sous caution quelques jours après.

Italie, il avait connu particulièrement della Somaglia, Mattei et Saluzzo), il fut gardé en surveillance à Paris [1].

Il avait eu comme voisin de cellule, à la Force, l'abbé de Reboul, bien qu'on ait trouvé dans les papiers de celui-ci un distique en l'honneur de Napoléon et qu'il eût souscrit une proposition ultra-gallicane, sans doute pour échapper au régime d'une prison où il était obligé, écrivait-il, de « déchirer sa viande avec ses doigts [1] ».

Parmi les femmes arrêtées, Mme de Para-

---

[1] Prosper Tournefort naquit à Villes (Vaucluse), en 1762, émigra en 1791 et vécut à Bologne, Rome, Ascoli. Il entra dans les ordres en 1800, revint en France en 1802, où il devint chanoine de Lyon, puis en 1807 vicaire général de Metz. Envoyé en surveillance à Soissons, il n'eut sa liberté qu'en 1813.

[1] Déporté à Trieste en 1799, il connut là Mesdames de France, ce qui le fit accuser par la police impériale d'avoir été leur aumônier. Autorisé à rentrer en France en octobre 1809, il était très lié avec le curé de Saint-Roch et la famille Séguier. Son frère, le chevalier de Reboul, avait été tué à l'armée de Condé. Peu de mois après son arrestation, Savary demanda son élargissement.

vicini paraissait, à cause de ses bontés pour l'abbé Perreau, la capture importante. On mit à sac son appartement de Paris et sa maison de Fontainebleau. Rue de Sèvres, chez elle, on saisit les portraits de Louis XVI, de Marie-Antoinette et de Fénelon! On lui reprocha d'avoir secouru des prisonniers espagnols détenus à Embrun. On enferma sa servante, Hélène Clavier, aux Madelonnettes, et elle dans la maison des dames du Refuge, puis on les envoya en surveillance à Vienne, plus tard à Auxerre [1].

Mme de Quinsonas [2] eut à subir moins de rigueur, pouvant donner sa parole qu'elle

---

[1] Née en 1756, fille d'un gouverneur de la citadelle de Cambrai, M. de la Verde de Vallon, elle avait épousé M. de Paravicini, capitaine au régiment suisse de Valekner. Veuve à vingt-trois ans, elle se retira à l'abbaye Saint-Antoine, de Paris, et, après la Révolution, consacra sa modeste fortune et son temps aux bonnes œuvres.
[2] Catherine-Claudine de Chaponay, née en 1746. Mme de Quinsonas demeurait, en 1811, au n° 8 du boulevard Montmartre.

n'avait aucune relation directe ou indirecte avec l'abbé d'Astros, l'abbé Perreau ou les Cardinaux noirs. Il faut faire honneur à M. Pasquier, alors préfet de police, de ses procédés courtois envers cette femme respectable ; il s'en vante dans ses récents *Mémoires* [1], et il a raison.

Mme de Montjoie, supérieure des Sœurs de la Visitation Sainte-Marie, dont la maison était alors rue des Postes, eut à se justifier d'avoir donné l'hospitalité depuis cinq mois au P. Fontana ; les réponses dignes, claires, nettes, péremptoires, qu'elle fournit dans un long interrogatoire, arrêtèrent les mesures vexatoires. C'était un ordre de Lavalette qui avait amené la saisie de sa correspondance, avec celles de Mgr de Grégorio, de l'abbé Humbert, de l'abbé Guigou, vicaire général d'Aix,

---

[1] *Mémoires* du chancelier PASQUIER, t. I, ch. XVIII.

de l'abbé de La Bruyère et du P. Fontana, dans les papiers duquel on avait trouvé un écrit « où l'on traitait négativement la question si les *cardinaux qui ont refusé d'assister au mariage de Sa Majesté peuvent prendre part au baptême de l'enfant qui doit naître de ce mariage* [1].

La princesse de Chimay (Laure de Fitz-James), dame du palais de Marie Lecsinska, puis dame d'honneur de Marie-Antoinette, avait gardé de ce temps passé une dignité de manières qui s'abaissait toujours devant les pauvres, mais qui refusa de s'incliner devant la toute-puissance de Napoléon. Elle déclina les offres qui lui furent faites pour prendre rang à la cour impériale : « Je suis bien vieille, disait-elle, j'ai perdu la mémoire ; je ne me souviens plus que des vertus et des

---

[1] *Archives Nationales*, F⁷ 6529.

malheurs de mes maîtres. » — D'un caractère aussi absolu, avec des vertus moins douces et des manières presque viriles, son amie, la duchesse de Duras [1], n'épargnait ni temps, ni fatigues, ni soins.

Peut-être, à la distance de près d'un siècle, aujourd'hui que nos mœurs catholiques nous ont précisément formés à l'apostolat militant et habitués à la contagion du bon exemple, le dévouement de ces chrétiennes nous semble-t-il simplement conforme à leur devoir, et dès lors l'estime suffirait sans les louanges qui côtoient l'exagération. Songeons qu'en 1810 la France — je parle des honnêtes gens — la France entière se taisait quand agissaient ces femmes courageuses.

Elles reçurent leur meilleure récompense

---

[1] Louise de Noailles-Mouchy, qu'il ne faut pas confondre avec Claire de Kersaint, aussi duchesse de Duras, l'auteur d'*Ourika*, l'amie de Chateaubriand, et dont le salon fut célèbre après 1815.

le jour où, après son retour à Rome, le Souverain Pontife, pressé de publier la reconnaissance qu'il entretenait depuis longtemps au fond du cœur, proclama leur zèle en manifestant sa gratitude : « Nous devons aussi des éloges à la France, et particulièrement aux dames les plus illustres de cette nation, dont la piété, la généreuse bienfaisance et les témoignages de vénération nous faisant, pour ainsi dire, oublier notre captivité, nous ont porté bien des fois à remercier le Très-Haut de nous avoir rendu témoin et spectateur de tant de vertus. »

Comme Mathieu de Montmorency était l'âme de l'association et l'abbé Legris-Duval la tête, le chevalier de Thuisy en fut le bras.

Il était revenu d'émigration avec quinze louis dans sa bourse, et son premier soin fut d'en user pour des amis malheureux. D'anciens serviteurs eurent la délicatesse de lui faciliter le rachat de quelques terres de famille. Réal avait acquis — à bon compte — une de ces propriétés ; « il ne la lui rendit pas, mais il lui rendit des services, » comme il le disait lui-même assez naïvement, et le chevalier trouva dans ces « relations » un moyen de se soustraire et de soustraire beaucoup d'autres personnes aux vexations de la police. Sa générosité rencontra un aliment dans l'œuvre des Cardinaux noirs ; il la servit avec passion. Il se fit quêteur volontaire, allant de porte en porte, ingénieux à trouver des ressources : dans une visite, il souffla une des bougies de la cheminée, disant qu'une seule lumière suffisait, mais demandant pour ses protégés le prix de l'autre [1].

---

[1] Charles de Thuisy était né en 1754, en Champagne. Page de la comtesse de Provence et chevalier de Malte, il servit dans les dragons de Noailles. Après une campagne dans l'armée de Condé, il rejoignit sa famille en Angleterre. Il rentra en France en 1802. Quand il mourut, à quatre-vingt-six ans,

Il était le trésorier, et la trésorière générale était Mme Leclerc, aidée de sa fille, Mme de Saint-Fargeau [1]. Ces dames recueillaient les cotisations, mais il était convenu qu'elles ne demanderaient jamais rien personnellement.

C'est à cette occasion que prit naissance « l'œuvre des Ouvrages », qui allait, en quelque sorte, être le type des moyens qui devaient alimenter les œuvres catholiques modernes. Une note de Mlle Aline de Saisseval nous indiquera comment elle imagina d'utiliser les loisirs des femmes du monde par le travail, et d'exploiter l'adresse de leurs doigts au profit de la charité.

« Dans le temps de l'exil du Pape et des

en 1840, il laissait un nom respecté et le souvenir d'une charité que rien ne lassait. Un concours énorme honora ses funérailles.

[1] L'habitude du dévouement ne se démentit pas chez Mme de Saint-Fargeau ; c'est elle qui, en 1830, essaya de faciliter le départ pour l'Angleterre du prince de Polignac. — Voir *Le Procès des ministres*, par Ernest DAUDET.

cardinaux, M. Legris-Duval ayant dit un jour devant moi qu'il lui fallait de suite 2,000 francs pour ces augustes indigents, et qu'il ne savait où les trouver, je fus assez heureuse pour offrir un nécessaire que ma sœur m'avait donné à son mariage, après en avoir demandé la permission au marquis de Leusse, son mari. Cet objet pouvait valoir 20 louis. Je le mis en loterie : les billets étaient de 20 francs et rapportèrent 1,800 francs. J'étais à Saint-Sulpice, je disais : « Mon Dieu, quand je vous aurai donné mon nécessaire, il ne me restera plus rien ! » J'avais demandé que la messe qui allait se dire fût à l'intention que cette loterie rapportât le plus d'argent possible, et ma confiance était telle que je mis mon nécessaire sur un coin de l'autel, comme pour y attirer les bénédictions. Ce fut alors que j'eus l'idée de garder une petite somme après avoir prélevé celle qui était nécessaire aux Cardinaux noirs, pour commencer l'œuvre des Ouvrages. »

Grâce au chevalier « quêteur », pendant les trois ans et dix mois que dura l'exil, on put distribuer 150,000 francs. Le 10 de chaque mois, M. de Thuisy remettait régulièrement 3,600 francs, dont bien souvent les derniers acomptes sortaient de sa bourse. Le cardinal Consalvi, se contentant des fonds que lui faisait parvenir de Rome le banquier Torlonia, n'avait jamais voulu rien recevoir de la *Caisse des Confesseurs de la foi*, pour ne pas augmenter les sacrifices des donateurs; et LL. EE. Gabrielli et Brancadoro, ayant seuls accepté la pension mensuelle de 250 francs [1], les secours s'adressaient donc à dix des Cardinaux noirs, puis à un cardinal

---

[1] *Mémoires historiques sur les affaires ecclésiastiques de France pendant les premières années du XIXe siècle*, t. II, p. 370.

« rouge », sans ressources, Mgr Despuig, absent de la cérémonie du mariage impérial, excusé par sa maladie, et pour cela exilé *seulement* à Modène, où il mourut.

Mais le champ de l'aumône s'élargit facilement. Au Souverain Pontife à Savone, aux prêtres flamands en Belgique, on fit passer quelques secours indispensables. On n'eut garde d'oublier, dans ces modestes largesses, un des persécutés les plus intéressants, le prisonnier de Fenestrelle, l'illustre cardinal Pacca, qui a consigné dans ses *Mémoires* le témoignage de sa reconnaissance.

« Si les cardinaux et les prêtres italiens furent secourus de la manière la plus généreuse en France, ils le durent en grande partie à la *compatissance* des femmes vertueuses de cette nation... Elles fondèrent une caisse dite des *Confesseurs de la foi*, destinée à fournir des secours aux cardinaux et aux prêtres italiens qui se trouvaient dans la détresse. Les respectables dames n'oublièrent pas qu'un cardinal était détenu à Fenestrelle, et lui offrirent leurs généreux secours, en ajoutant que personne n'avait plus droit que lui au dévouement des fidèles français [1]. »

Par bonheur, le bien est contagieux, et l'on vit s'ouvrir des mains qu'on ne s'attendait pas à rencontrer généreuses. Le cardinal Fesch, après avoir accordé plus qu'il ne convenait aux sentiments de la parenté, voulut adoucir, selon ses moyens, les tribulations de ses collègues et secourir les victimes du courroux de son neveu. Contraste singulier : Mgr d'Isoard, auditeur de Rote, et l'abbé Lucotte, de la

[1] PACCA, *Mémoires*, t. I, p. 293. — Le cardinal subit trois ans et demi de détention, du 6 août 1809 au 5 février 1813, et cela sans interruption. M. Welschinger, dont les informations sont si exactes, a cependant commis sur son compte une double erreur (*Divorce de Napoléon*, p. 230), en le faisant entrer à Fenestrelle dès le 18 juillet 1809, et en le plaçant en surveillance à Novare à la date du 18 décembre 1811. Il était au cachot à ce moment, et pour dix-huit mois encore.

maison intime de l'archevêque de Lyon, versaient de sa part des souscriptions importantes, pour les cardinaux qu'il n'avait pas eu le courage de suivre dans leur résistance, et à l'heure même où il recevait leur persécuteur dans son hôtel de la rue du Mont-Blanc. On comprend que ces dons étaient faits sous le sceau du secret le plus absolu.

Réal, fidèle en cela à ses promesses, ferma les yeux sur ces rapports assez fréquents pour être connus de la police; et la situation même de l'oncle de l'empereur commandait une réserve respectueuse à ce conseiller d'État, prudent envers la fortune, déesse sujette aux retours. Quoi qu'il en soit, il convient de lui tenir compte de cette modération, et plus encore de louer le cardinal Fesch d'une générosité dont il trouva sans doute la première récompense dans les lumières qui éclairèrent son esprit et lui donnèrent une fermeté méritoire lors du concile national de 1811.

On dit qu'un personnage bien autrement compromis et, à tous égards, bien moins digne d'indulgence, le cardinal Maury, voulut faire quelque chose pour les exilés, sauvant ainsi les apparences en faveur de ses collègues et vis-à-vis du public religieux. Il aurait tenté des démarches, et se serait paré de ces velléités de bienveillance auprès des vicaires généraux et du chapitre de Notre-Dame. Il est certain que, dans des notes saisies par Savary chez l'abbé d'Astros, celui-ci, à la date du 6 novembre 1810, avait écrit : « Le cardinal nous raconte ses réclamations pour le Pape et les Cardinaux noirs. » Mais dans cela qu'y a-t-il de vrai ?

Sans doute un de ces retours vers le devoir qui saisissaient parfois l'évêque infidèle, dont l'esprit était moins bon que le cœur, une de ces lueurs d'indépendance, dont il aimait à éblouir sa propre conscience aveuglée par le besoin de la gloriole, un de ces élans de trouble, de regret, de remords comme celui qu'il laissa échapper devant le cardinal Consalvi, le soir où il alla, en cachette, lui porter les propositions d'accommodement de la part de Napoléon et que, se jetant impétueusement dans ses bras, les larmes aux yeux, il s'écria : « Ah ! vous êtes bien heureux, vous ! »

Mais ce feu était éteint le 1ᵉʳ janvier 1811, quand il livra lui-même l'abbé d'Astros à la police du duc de Rovigo, et se fit le propre dénonciateur de son clergé avec une âpreté dont nous trouvons la preuve dans cette lettre confidentielle adressée à Savary, gardée par ce dernier avec la mention : « classer, mais tenir très secrète, » et qui jette sur ces temps étranges une trop triste lumière pour ne pas être reproduite ici :

« Le cardinal Maury s'empresse d'adresser à M. le duc de Rovigo la réponse confidentielle qu'il a bien voulu lui demander. Les bons témoignages qui lui ont été rendus du zèle et de la piété de M. l'abbé Lacalprade[1] paraissent justes; mais il n'est pas aussi certain qu'il soit étranger aux affaires et aux discussions dont il s'agit. La confiance particulière de l'*homme* qui l'a compromis et qui était sans cesse dans sa maison le rend plus que suspect d'avoir partagé pour le moins ses opinions. Cette maison du cloître est un

---

[1] L'abbé Pierre-Joseph Lacalprade, chanoine honoraire, vice-promoteur du diocèse de Paris, avait été arrêté le 3 janvier 1811, à huit heures du matin, dans son appartement du Cloître Notre-Dame, rue Chanoinesse, n° 2. Bien qu'on n'eût trouvé rien de compromettant dans ses papiers, il avait été conduit à Vincennes. C'est ce moment que choisit le cardinal Maury pour le charger. Il lui fallut donner sa démission de chanoine, et on l'envoya en surveillance dans son pays, à Sarlat. Ses papiers furent remis en partie à sa belle-sœur, Mme de Marquessac; mais il ne recouvra le reste qu'au mois de mai 1814.

rendez-vous où tout le monde n'est pas admis et *qu'il importe de dissoudre.*

« Une grâce entière après un pareil éclat, affaiblirait trop tôt la salutaire impression que cet exemple de vigilance a faite sur tout le clergé. Le parti le plus sage serait de renvoyer cet homme dans son département pour y rester en surveillance et en état d'épreuve pendant trois ou quatre mois. Le séjour de Toulouse n'exposerait à aucun danger. L'autre confident intime du même agent devrait subir le même sort. Ces messieurs attendaient une explosion dont ils auraient été les témoins avec beaucoup d'indifférence, peut-être même de satisfaction.

« Le cardinal Maury soumet ces observations à la haute sagesse de Son Excellence. L'air de Paris ne convient nullement aux ecclésiastiques qu'on soupçonne avec raison de n'être pas sincèrement dévoués à l'empereur.

« Paris, 31 janvier 1811. »

A M. le duc de Rovigo, ministre de la police générale[1].

Tout aussitôt il fallait faire parvenir les sommes recueillies aux proscrits. Nouvelles difficultés. M. de Grosbois courait à Saint-Quentin, à Mézières, à Rethel. Mme de Grosbois pourvoyait, à Semur, aux besoins des cardinaux di Pietro, Gabrielli et Oppizoni. Sa sollicitude les suivra à Vincennes, lorsqu'ils seront enfermés au donjon, puis à Fontainebleau.

[1] Autographe du cardinal Maury, *Archives Nationales*, F7 6534. Dossier Lacalprade.
Sur les agissements de Mgr Maury, on trouve dans le même carton des *Archives* un autre fait caractéristique. Il dénonce encore à Savary (21 novembre 1811) un ancien capucin de Bayeux, nommé Le Perchey, prêtre sacristain de Saint-Louis d'Antin, qui désignait, paraît-il, l'empereur sous le sobriquet d'*Etici* (mot wallon qui signifie : celui-ci) et qui « montrait la bulle d'excommunication à des conscrits ». Cet ancien religieux paraît peu estimable ; mais que dire des délations habiles du soi-disant archevêque de Paris ?

Par les temps les plus rudes de l'hiver de 1813, malgré les glaces qui barraient les chemins, dans un mauvais cabriolet découvert, elle allait leur porter les vêtements dont ils manquaient. Là encore, il s'agissait de prudence, de précaution, de ruse : Mme de Chimay ne put faire parvenir un manteau destiné au Saint-Père; plus heureux, Adrien de Montmorency sut soustraire une soutane blanche à la surveillance des gens de police.

Le chevalier de Thuisy se multipliait à Charleville, à Sedan, à Mézières, mais surtout à Reims, où M. Ruinart de Brimont était son intermédiaire et distribuait par petites sommes, pour ne pas attirer l'attention, les aumônes qu'avaient apportées des commissionnaires fidèles, rouliers ou voituriers, et que des femmes du peuple venaient remettre, sous le manteau, au domestique du cardinal Brancadoro.

Ces visites du chevalier de Thuisy, bien que faites à la dérobée, éveillèrent les soupçons ; et quand, au mois de janvier 1811, l'examen des papiers de M. d'Astros, surtout ceux de l'abbé Perreau, mirent Savary sur la trace de la *Caisse des confesseurs de la foi*, des enquêtes furent ordonnées dans les villes où résidaient les proscrits.

« Je reçus à l'improviste, dit Consalvi, et mon compagnon d'exil aussi, un billet du sous-préfet de Reims, par lequel il m'annonçait que des « ordres supérieurs l'obligeaient à m'appeler sans retard à la sous-préfecture, pour lui fournir des renseignements sur l'objet de ces ordres... » Le sous-préfet me dit qu'il était chargé de me demander quelles sommes j'avais reçues pour mon entretien depuis mon exil à Reims, et par quel intermédiaire, par la poste ou par la diligence, ou par des voituriers [1], ou par des personnes venues *ad hoc*, et de qui, et de quel chiffre, et de quelle manière. Je lui répondis que je n'avais jamais reçu un sou de personne.

— « Mais, répliqua-t-il, comment faites-vous pour vivre, le Gouvernement ayant saisi tous vos biens ecclésiastiques et patrimoniaux ? » Je lui déclarai que mon banquier de Rome n'avait pas, dans cette circonstance, retiré à son correspondant de Paris l'ordre de me fournir de l'argent. Le sous-préfet reprit que, puisque je n'avais rien reçu de personne depuis mon arrivée à Reims, il n'y avait pas lieu de m'adresser les autres questions : en quelle qualité, de qui, de quelle manière, par quelle voie ? Ainsi se termina cette audience, honnête pour la forme : le sous-préfet n'ayant ajouté aucune impoli-

---

[1] On voit que la police était bien informée.

tesse, aucune dureté à la dureté de la chose [1]. »

En effet, Consalvi n'avait jamais rien reçu par délicatesse, « ne voulant pas surcharger, de gaieté de cœur, les généreux et nobles souscripteurs ». Tout autre était le cas du cardinal Brancadoro : il refusa de livrer le nom de ceux qui se dévouaient à lui.

La police fit généralement « buisson creux » ; quand elle fouilla les papiers de Mgr della Somaglia et de son aumônier, l'abbé Bianchi, elle ne trouva rien que des lettres d'affaires et le testament du cardinal.

Elle parvint seulement à savoir que lui et le cardinal Scotti avaient des fonds déposés chez des banquiers de Paris : MM. Busony, Goupy et André.

[1] *Mémoires*, t. II, p. 222.

Pour Mgr Litta, elle sut aussi qu'un de ses frères, résidant en Russie, lui envoyait une pension de 500 francs par mois et qu'un autre frère, grand chambellan du royaume d'Italie, lui avait remis 600 louis à son arrivée en France.

Les précautions ne paraissent donc pas superflues quand on sait quelle ingéniosité présidait aux décisions arbitraires de la police d'alors : « Les motifs d'exil étaient aussi nombreux que variés. Un dévouement notoire, bien qu'inerte, aux princes de la maison de Bourbon, cause d'exil. Des relations avec le Pape prisonnier ou avec les *Cardinaux noirs*, cause d'exil. Des opinions entachées de républicanisme ou même de libéralisme, cause d'exil. Des rapports d'amitié avec les exilés, cause d'exil. Sans compter tout ce que la délation, la malveillance et le caprice d'un fonctionnaire pouvaient fournir de motifs à la rigueur du Gouvernement, il y avait cette cause articulée quand on n'en avait pas d'autres : *mauvais esprit dans les sociétés, qui permettait de tout atteindre*[1]. »

Les procédés de Savary n'étaient rien moins que courtois : « J'ai reçu une lettre du ministre m'invitant à me rendre chez lui ; je n'y avais jamais été. Pour la première fois, il s'est expliqué de la façon la plus sévère. Il m'a reproché des propos que je n'ai pas tenus, mais sans me les citer. Il m'a surtout reproché mon intérêt, *mes plaintes sur les exilés et mes rapports intimes* avec eux ; tout cela, je crois, était un exorde pour arriver à ce qu'il appelle ma *neutralité*. Il est parti de ce texte pour me dire, avec les manières les plus violentes, que j'avais tout à craindre de sa sévérité. Je ne puis entrer ici dans de plus

---

[1] *Les amis de la jeunesse de Mme de Récamier*. — Appendice : « Les exilés sous le premier Empire ».

longs détails ; tout cela vous explique assez que je suis sur le bord de l'abîme [1]. »

C'est sans avertissement préalable et avec une habileté qui faisait coup double que fut frappé Mathieu de Montmorency : il était à Coppet le 17 août 1810, quand un ordre d'exil lui parvint.

Son zèle ne s'en ralentit pas ; il avait mis de côté « ces misérables petits calculs de prudence timide qui influent sur tant d'autres. Je dois à la vérité de dire que, dans cette dernière occasion, je les ai plus redoutés que rencontrés, et que ceux dont l'opinion pourrait avoir de l'influence sur ma décision, ont mis de la bonne grâce à me demander de persister dans la première. Je ne vous parle pas d'un certain courage : il me paraît impossible que vous ne l'ayez pas, et

---

[1] Adrien de Montmorency à Mme Récamier, 28 mars 1812.

notre cause commune, au moins apparente, n'a pas de quoi nous faire rougir[1]. »

Il profita de son éloignement à quarante lieues de Paris pour étendre son œuvre : d'Orléans, où il vit sa mère, la vicomtesse de Laval, il se rendit à Montmirail, auprès des beaux-parents de sa fille de La Rochefoucauld, le duc et la duchesse de Doudeauville. Il y passa les mois de novembre et décembre 1811, et reçut plusieurs fois la visite de l'abbé Legris-Duval. A la fin de janvier 1812, il commença une tournée dans le Midi, par Lyon, où les dévouements étaient ardents et où s'était formé le premier groupement de porteurs de dépêches, allant, au péril de leur vie, chercher à Savone les lettres de Pie VII pour les remettre à Semur au cardinal di Pietro.

---

[1] Mathieu de Montmorency à Mme Récamier, 16 novembre 1811.

L'abbé Recorbet, supérieur du séminaire de l'Argentière, « prévenu de manœuvres séditieuses, » avait été arrêté par le duc de Rovigo (janvier 1811); mais d'autres restaient encore : l'abbé Ripoux, secrétaire de l'archevêché, et surtout trois jeunes laïques admirables, remarqués déjà pour leur piété et dès lors célèbres pour leur audace : Bertaud du Coin, Franchet d'Espérey et Aynès [1]. Quand ils furent arrêtés à leur tour et conduits à la Force, où ils restèrent enfermés jusqu'en 1814, ils avaient accompli le plus difficile de la tâche et créé une tradition de zèle qui ne fut pas perdue.

De Lyon, Mathieu de Montmorency vint à

---

[1] Le cadre de cette étude m'interdit d'entrer dans de plus longs détails biographiques sur Bertaud du Coin et Franchet d'Espérey; ce dernier surtout a marqué, sous le ministère Villèle, comme directeur général de la police. Tous deux présidèrent la « Congrégation » de Lyon et firent partie de celle de Paris. — Je me permets de renvoyer à ce que j'ai dit d'eux dans la *Congrégation*, p. 110, 231, 233, 343, 346.

Avignon, Béziers, Toulouse. L'abbé de Chieze, Nicolas de Mac-Carthy, Auguste de Serres l'accueillirent dans cette dernière ville avec empressement.

Dans ses *Mémoires*, M. de Villèle a parlé, avec une certaine obscurité, de l'association qu'était venu organiser Mathieu de Montmorency en Languedoc. Habitant alors, en pleine campagne, sa terre de Morville, il n'en a eu vraisemblablement connaissance que par ouï-dire, ce qui explique les erreurs de son information ; mais ce témoignage, tout incomplet qu'il soit, mérite d'être reproduit, comme une preuve de l'importance que prenait le mouvement, et aussi parce que M. de Villèle a su démêler les conséquences, tout d'abord incertaines, qui s'imposaient peu à peu aux adhérents : souhaiter un changement de Gouvernement et dès lors y travailler, puisque l'empire semblait invinciblement condamné à ne pouvoir s'arrêter dans la voie de la persécution et sur la pente de l'arbitraire :

« Dans le courant de l'année 1812, j'appris qu'un membre de la famille de Montmorency était venu dans notre pays et y avait organisé une sorte d'association secrète, dont les membres se vouaient à la pratique des bonnes œuvres et à la propagation des principes religieux et monarchiques; il se disait autorisé par Louis XVIII et par le Pape, alors prisonnier à Savone.

« J'ai toujours pensé, sans en avoir toutefois la certitude, que cette association avait pris naissance dans les prisons de Bonaparte et que MM. de Polignac, de Rivière et Mathieu de Montmorency en avaient été les promoteurs et les directeurs sous l'inspiration des cardinaux, dont les uns étaient retenus en captivité, les autres en exil dans diverses villes du royaume.

« Ainsi les précautions prises par le Gouvernement impérial pour sa sûreté auraient servi à préparer une des causes les plus efficaces, à mes yeux, de son renversement définitif. Ce fut, en effet, dans ces affiliations ignorées que les partisans du Souverain Pontife et du roi légitime, puisèrent leur force et leur unité d'action [1]. »

Partout, le zèle des catholiques militants était éveillé, presque partout il était mis en œuvre, et si l'apathie vint paralyser la majorité des fidèles, encore inconscients de leur propre force, il n'en faut que louer davantage ceux qui surent secouer cette torpeur. N'oublions donc pas ces obscurs ouvriers de la première heure, et à côté des Français que l'on connaît déjà, mentionnons, à Gênes, les frères Charbonnel; à Savone, les sieurs Pon-

Mémoires, t. I, p. 195.

zone, Cappa et Frugone; en Piémont, l'abbé Bruno Lanteri, M. René d'Agliano, Galeani d'Agliano, page du prince Borghèse, le chevalier di Cordero Vonzo, ancien officier au régiment de Saluces. Par eux, le Saint-Père ne fut jamais privé de nouvelles d'Italie.

Gardons surtout la mémoire de cette humble servante, Paola, dont le nom de famille ne nous est pas même parvenu, mais qui, dans son ingénieux dévouement, joua cent fois sa liberté et sa vie pour assurer l'existence du Souverain Pontife. « Pénétrée de la crainte qu'on n'attentât par le poison à la vie du Pape, elle allait chercher à la sacristie, comme pour son propre usage, le pain, le vin et quelques provisions qu'y déposaient les religieuses augustines. Avec une simplicité touchante et une incomparable adresse, elle se riait de toutes les consignes, cachant dans son corsage, dans ses souliers, dans ses bas, les lettres et les offrandes destinées au captif ; elle bravait les gardes, gagnait leur confiance ou trompait leurs regards, et les cordons de sentinelles qui séparaient l'Église de son chef n'opposaient qu'une impuissante barrière à cette humble fille du peuple[1]. »

La surveillance de la police n'avait pas laissé aux Cardinaux noirs un seul moment d'illusion sur l'apparente tranquillité de leur vie monotone ; mais, à certains jours, ils sentirent plus profondément encore les épines de leur exil. C'est quand leur persécuteur, on peut dire leur ennemi, tant sa colère était constante, passait par la ville où il les faisait garder à vue.

Au printemps de 1810, Napoléon voulut montrer à la Belgique, ancienne terre impériale, l'archiduchesse devenue sa femme. Ce

---

[1] Mayol de Luppé, *l. c.*, « Souvenirs recueillis à Savone ».

voyage fut un long triomphe, et Marie-Louise se vit acclamée par une foule qui allait, quatre ans après, oublier jusqu'à son nom. Leurs Majestés traversèrent Saint-Quentin. Metternich, alors dans toute la faveur, contraint d'accompagner Napoléon, fut pressé par lui d'assister à une audience où étaient convoquées les autorités de la ville. « Je voudrais vous montrer, avait dit l'empereur, comment j'ai l'habitude de parler à ces gens-là [1]. » Impressionner Metternich, tout au moins l'éblouir, était sans doute l'intention de Napoléon (on voit qu'il n'y réussit guère); mais j'imagine qu'il n'avait pas moins à cœur d'animer le zèle et d'effrayer quelque peu les magistrats municipaux de Saint-Quentin, à qui il allait confier le soin de

---

[1] Metternich ajoute (*Mémoires*, t. I, p. 104) : « Je voyais que l'empereur tenait beaucoup à me prouver l'étendue et la variété de ses connaissances administratives. »

veiller sur les cardinaux Litta et Ruffo.

Une scène identique se passa à Rethel à la fin de cette même année. Le 14 novembre 1810, revenant d'Allemagne, l'empereur y déjeuna avec Marie-Louise, la duchesse de Montebello et Berthier.

Nous avons, grâce à un Dangeau du pays, les moindres détails du repas : Napoléon resta debout, mangea « quelques pommes de terre simplement préparées », repoussa les fruits, but du café « qu'il sucra légèrement [1] ». Il reçut à la hâte le président du tribunal et le procureur ; sa première question, songeant sans doute aux cardinaux Mattei et Pignatelli traités comme des criminels, et consignés dans leurs appartements à quelques pas de là, sa première question fut : « Et l'esprit « public ? — Sire, ils aiment et admirent

---

[1] *Rethel et Gerson*, par C. PAUFFIN.

« tous le gouvernement de Votre Majesté.
« — Ancien pays de frontières, braves gens,
« cœurs français, sans superstition ; je les
« reconnais bien. »

Ce fut tout, mais assez pour saisir la pensée de l'empereur, en envoyant les cardinaux italiens dans cette partie de la France où le sentiment religieux était peu développé, et où le voisinage habituel de l'ennemi donne aux habitants une tournure d'esprit vigoureuse, mais disposée à exécuter sans réplique les ordres du pouvoir central, surtout quand celui qui le dirige se nomme Napoléon [1].

La patience seule pouvait être un adoucissement à l'exil des Cardinaux noirs, car tout

---

[1] Quand, le 8 août 1813, Marie-Louise, allant à Mayence, passa une seconde fois à Rethel, elle coucha chez le maire, et le lendemain entendit, dans son appartement, une messe basse dite par le curé de la paroisse. On n'en était plus à l'apparat tapageur et aux rodomontades de 1810

semblait alourdir le poids de leurs chaînes ; chaque victoire de Napoléon reculait l'échéance de leur mise en liberté, chacune de ses entreprises rejetait dans l'inconnu l'indépendance du Saint-Siège. Triste destinée pour un chef d'empire que les plus indifférents en soient conduits à souhaiter sa chute comme l'heure de la délivrance de l'Église ! Les malheurs de Pie VII, dont l'écho parvenait jusqu'à eux, ne pouvaient qu'augmenter l'amertume de leurs propres pensées : loin de leur ciel d'Italie, comme enveloppés dans l'atmosphère morne et basse des horizons de Champagne, ils pouvaient se dire, avec Adrien de Montmorency :

« Je conclus, de toutes les tristes lumières que j'ai acquises sur notre situation, d'après les premières rigueurs imposées, qu'il ne faut se flatter d'aucun changement en mieux ; mais voir la plaie aussi profonde qu'elle est, et ne point compter sur la générosité de cœurs qui ne s'attendrissent jamais [1]. »

[1] Lettre à Mᵐᵉ Récamier, 8 mars 1812.

CHAPITRE V

LA REVANCHE

Pie VII à Savone. — Séjour à Fontainebleau. — Mise en liberté des Cardinaux noirs. — Leur fermeté et la rétractation du Pape. — L'année 1813. — Le lever de l'empereur. — Dispersion. — Les attentions du duc de Rovigo. — Exil dans le Midi. — Le Gouvernement provisoire. — Le dernier mot de la Providence.

Depuis le jour où les Cardinaux noirs durent quitter Paris, plusieurs tentatives furent faites auprès du prisonnier de Savone.

Au mois de mai 1810, le chevalier de Lebzeltern venait lui proposer la médiation de l'Autriche. Pie VII se montrait touché de la démarche, mais réclamait, au préalable, la présence de son conseil: les membres du Sacré Collège éloignés de lui par la violence et exilés,

Au mois de juillet, les cardinaux Spina et Caselli croyaient obtenir une pacification par des concessions excessives ; Pie VII repoussait froidement cette tentative politique.

Au printemps de 1811, les évêques de Tours, de Nantes et de Trèves osaient engager le Pape à faire fléchir ses droits sur l'institution canonique de leurs collègues ; la santé débile du Souverain Pontife leur fit un moment espérer le succès ; les événements le rendirent vain.

Le soi-disant concile national, tenu à Paris du 17 juin au 5 août, n'avait fait qu'augmenter la confusion. Si Pie VII sollicité, je n'ose dire trompé, par quelques prélats trop soucieux de ne pas irriter davantage l'empereur, accueillit, vaincu par trois semaines de lutte, les actes de cette assemblée sans mandat, ce fut dans l'affaissement physique de la maladie. Dieu permit que cette concession paternelle n'eût pas d'effet. Napoléon la repoussa sans motif, après l'avoir sollicitée sans raison.

La persévérance du Saint-Père, pendant l'hiver de 1812, faisant écho à sa fermeté de l'année 1811, contre l'intrusion du cardinal Maury, eut pour conséquence un redoublement de persécution et un débordement d'injures[1]. Mais de tout cela que restait-il ? La constance du Pape, l'honneur du Saint-Siège, le respect du droit. Les catholiques recevaient là un grand exemple, ils puisaient une énergie qui les soutenait dans la mauvaise fortune. Ils attendaient avec tristesse, mais sans crainte, la fin de tant d'attentats sacrilèges, la foi étant sauve, la vérité intacte, le chef de l'Église impassible.

---

[1] « Ceux qui ont lu en original les minutes des lettres de l'empereur sur les affaires ecclésiastiques, y rencontrent par dizaine les b..., les f..., et les plus gros mots. » TAINE, *Le Régime moderne*, t. I, p. 55. — Cette remarque est particulièrement frappante dans les lettres adressées au cardinal Consalvi et au préfet de Montenotte.

On juge de quelle oreille attentive les cardinaux proscrits écoutaient la voix du Pasteur suprême. Pie VII avait implicitement approuvé leur conduite en suivant les mêmes errements. « Je n'accepterai pas de pension, « je vivrai des aumônes des fidèles : les « maximes ne s'y opposent pas. Le Pape peut « être pauvre, plusieurs l'ont été. » La force de leur conscience suffisait donc aux cardinaux, et les coups nouveaux qui les atteignaient à l'improviste les trouvaient préparés.

Quand, le 1er janvier 1811, Napoléon eut fait à l'abbé d'Astros la scène publique et scandaleuse que l'on sait, il ordonna de conduire le soir même en prison, « pour toute sa vie », le prêtre fidèle. On saisit ses papiers, et, d'échelon en échelon, la police remonta jusqu'à ses correspondants : le Père Fontana et Mgr de Grégorio ; elle s'aperçut que tous trois géraient les affaires ecclésiastiques du diocèse de Paris sous la direction du cardinal di Pietro, nommé par Pie VII délégué apostolique éventuel, « afin que, dans les besoins extrêmes, il n'eût aucun scrupule à procurer, par lui-même et par ses collègues, le salut spirituel des fidèles [1] ».

Sur l'heure, le P. Fontana, Mgr de Grégorio, sont jetés dans un cachot infect; le cardinal di Pietro est arrêté à Semur; ses deux compagnons d'exil, les cardinaux Gabrielli et Oppizoni, deviennent ses compagnons de captivité, après avoir tous deux spontanément déclaré que « les sacrés Canons, la dignité de cardinal, la conscience et l'honneur », les empêchaient de répondre aux questions de la police [2]. L'un est enfermé à la Force avec deux condamnés à mort, l'autre au donjon

---

[1] Bref de Pie VII au cardinal di Pietro. Savone, 30 novembre 1810.
[2] *Archives Nationales*, F⁷ 6535.

de Vincennes à côté de ce fossé où a péri, il y a sept ans, le duc d'Enghien.

Que pouvait faire à la sécurité de l'empire l'emprisonnement du cardinal Gabrielli, « homme éminemment honnête, doux, conciliant, même fort timide [1] » ? Pour Mgr di Pietro, on le tenait toujours pour le rédacteur de la bulle d'excommunication ; d'où une ardente colère. La police suivait là une fausse piste. Quelle n'eût pas été sa satisfaction, si elle avait su qu'elle tenait dans ses filets le véritable « coupable », le P. Fontana ? Celui-ci eût payé de sa tête une pareille découverte.

Mgr Oppizoni avait complètement bouleversé les idées de Napoléon sur la *reconnaissance*. « Eh quoi ! disait l'empereur, je « l'ai fait archevêque, cardinal, sénateur, et il « obéit au Pape ? C'est une trahison ! »

[1] Dépêche de Lefebvre, 15 avril 1808. Archives des Affaires étrangères, *Rome*.

Cette façon de comprendre les devoirs d'un membre du Sacré Collège paraîtra au moins bizarre ; il n'était pas exact que l'empereur, pour l'avoir proposé, eût fait Mgr Oppizoni archevêque et cardinal ; sénateur, à la bonne heure. Mais il n'en restait pas moins que ce malheureux prélat demeurait en butte aux suspicions particulières du maître, qui semblait vraiment de bonne foi dans son indignation, et qu'au moment de l'exil il avait été l'un des trois, avec di Pietro et Consalvi, que Napoléon avait parlé de faire fusiller.

Leurs noms revenaient comme un écho dans les apostrophes incessantes que l'empereur adressait, à cette époque, à tous ses interlocuteurs au sujet des affaires religieuses. Visitant l'hôtel de Soubise, où il avait fait empiler sous la colonnade de la cour d'honneur, presque en plein air, les papiers enlevés du Vatican, il fut saisi d'un accès de colère qu'il dirigea sur les deux malheureux archivistes romains : Altieri et Marini, qui n'en pouvaient mais :

« Vous êtes tous conjurés contre moi, et
« le cardinal di Pietro et Fontana portent
« maintenant la peine de leurs intrigues.
« Mais qu'est-ce que ce Pietro ? Est-il savant ?
« Et Fontana, l'est-il aussi ? — Eh bien ! je les
« enverrai tous les deux en Hollande : Fontana
« a voté contre mon mariage ; Pietro a tou-
« jours été mon ennemi. Le cardinal Ga-
« brielli, cet homme obstiné dans ses prin-
« cipes, et le cardinal Oppizoni, qui met de
« vains scrupules au-dessus des bienfaits
« dont je l'ai comblé, et Grégorio, ils mour-
« ront aussi en Hollande. Ils ont essayé
« de soulever l'empire contre moi en y ré-
« pandant les brefs du Pape. Grégorio,
« pour ne pas démentir cette fermeté et
« cette résolution de caractère dont il est

« souverainement jaloux, a refusé de dire
« qui il a laissé à sa place comme légat
« apostolique à Rome ; mais, si les promesses
« n'en ont pas eu raison, si la prison ne l'a
« pas effrayé, il ira, lui aussi, mourir en
« Hollande [1]. »

L'émotion de la police avait été tellement vive, en ce mois de janvier 1811 que le duc de Rovigo, ordinairement si précis dans ses ordres d'arrestation, si exact dans ses renseignements de surveillance, perdit la tête et écrivit de s'emparer et d'envoyer à Paris sans le moindre retard les cardinaux habitant leur département à des préfets qui n'en avaient jamais reçu à garder. On se figure la stupeur de ces dignes fonctionnaires, saisis d'un juste effroi à la pensée qu'ils ignorent la présence,

---

[1] Marino Marini a retracé cette scène : « Je n'ai pas seulement rappelé le sens des discours de Napoléon, ajoute le narrateur ; ce sont les propres paroles qu'il a prononcées. Je les ai couchées immédiatement sur le papier. »

sur leur territoire, de personnages auxquels l'empereur attache tant d'importance. Ainsi celui d'Angers, terrifié en apprenant qu'il y a dans le Maine-et-Loire, trois cardinaux italiens, arrivés sans qu'il le sache, lance d'abord ses agents à la poursuite de ces fantômes ; puis, revenu à lui, écrit à Savary qu'il doit y avoir erreur [1].

L'épée de Damoclès restait suspendue sur Reims, Saint-Quentin, Mézières, Rethel et Sedan ; mais Dieu permit qu'elle ne tombât pas.

Une lettre adressée d'Italie à Mgr de Grégorio, et saisie dans son secrétaire, mentionnait des commissions pour une dame *Camilla*. On courut, rue de Vaugirard, frapper à la porte du Carmel, et la mère *Camille* de Soyecourt

---

[1] Il y avait erreur en effet. Sa lettre au ministre est du mercredi 23 janvier 1811, datée de 8 heures du matin. — *Archives nationales*, F7 6535.

fut conduite à la préfecture. Elle y fut respectueusement traitée par le baron Pasquier, qui l'interrogea avec déférence, et à qui elle adressa des réponses pleines de bon sens et de fermeté : « Je puis affirmer que je n'ai point contribué à la quête pour les cardinaux ; si je l'avais fait, j'aurais cru faire une belle œuvre et je ne craindrais pas de m'en glorifier [1]. »

« Je l'avais logée dans une chambre du corps de logis que j'habitais, dit-il, dans ses *Mémoires* [2], et, tous les jours, elle se promenait dans mon jardin, surveillée toutefois par un inspecteur de police. Je raconte cette promenade, parce qu'elle éveille la sollicitude de M. Desmarest [3]. Il m'en fit parler par

---

[1] Interrogatoire du 9 janvier 1811. — *Arch. Nat.*, F7 6336.
[2] *Histoire de mon temps.* — *Mémoires* du Chancelier Pasquier, tome Ier, p. 449.
[3] Charles Desmarest, né à Compiègne, en 1763, fut élevé à Louis-le-Grand avec le futur abbé Legris-Duval. — Prêtre, chanoine de la cathédrale de Chartres, il quitta les ordres à la

le duc de Rovigo, comme d'une faiblesse qui pourrait amener une évasion. C'était dans le premier temps de mon installation ; je répondis que je prenais le danger sous ma responsabilité. »

A l'autorisation de la visiter, parents et amis s'empressèrent de l'aller voir ; quand cette « souricière » eut ainsi permis de dresser la liste des personnes en relations avec elle, on la mit au secret. Un ordre d'exil la conduisit à Guise, parce que des deux villes de réclusion proposées à son choix, c'était celle qu'elle avait repoussée. Fortifiée par une confession générale au P. de Clorivière, elle se mit en route [1]. Les habitants de Guise

Révolution et même se maria. — Après le 18 brumaire, il entra à la direction de la police, et pendant quinze ans surveilla tout. Remercié en 1814, il reparut aux Cent Jours et mourut en 1832. — En 1833, parurent ses *Mémoires* qui ne révélèrent pas grand'chose.

[1] On lit avec intérêt les détails de son voyage, de son séjour à Guise, de ses relations avec les Cardinaux noirs, dans sa *Vie*, 1 vol. in-18, 1878.

la reçurent avec vénération, mais la surveillance était si étroite qu'elle dut se déguiser pour venir à Paris visiter une fois ses filles, pendant les deux années de son internement.

Elle sut se créer des relations avec Saint-Quentin, et le cardinal Ruffo osa se rendre à Guise, le 15 octobre 1812, pour célébrer la Sainte-Thérèse avec la pieuse carmélite. Le maire de la ville, le préfet de l'Aisne, baron Malouet, unirent leurs efforts pour solliciter la fin de cet exil ; ils furent assez heureux pour l'obtenir de Savary, et Mme de Soyecourt revint dans le monastère de la rue de Vaugirard, au moment où le sort des armes, pour la première fois contraire au conquérant de l'Europe, allait changer son système politique et lui faire essayer de la séduction après avoir vainement employé la menace.

Les cardinaux n'auraient probablement pas pu préciser l'objet de leur attente ; les jours passaient et la lassitude venait au cœur. « Ma vie, écrivait un autre exilé, est à peu près la même que l'an passé, et je me fais illusion sur ce que chaque jour a d'un peu moins libre[1]. » N'était-ce pas là l'écho de leurs pensées ? Cependant, l'espérance dans l'action de la Providence, la certitude de la revanche du bon droit, la confiance dans la justice de leur cause et la satisfaction du devoir accompli les soutenaient. Ils n'en étaient pas à leurs premières épreuves : tous avaient traversé la nuit de la Révolution, mais tous allaient assister à l'aurore, trop courte, hélas ! d'une restauration religieuse.

L'annonce soudaine de l'arrivée de Pie VII à Fontainebleau ne leur avait point paru une nouvelle meilleure que tant d'autres ;

---

[1] Lettre de Mathieu de Montmorency à Mme Récamier, 22 novembre 1811.

les détails de sa translation violente, ce rapprochement redoutable de la résidence de Napoléon dont aucun acte n'exprimait de regrets, autorisaient la défiance. Tout à coup, à la fin de janvier 1813, on leur apprend qu'un concordat nouveau est signé, et l'empressement de l'empereur à faire courir ce bruit les étonne. Les quelques clauses dont on les entretient, augmentent leurs craintes : on parle de l'abandon du patrimoine de saint Pierre et des prérogatives du Saint-Siège ; sans nul doute, on a abusé du Pape, de son âge, de sa faiblesse physique, de sa bonté. Une seule raison de confiance, c'est l'annonce de leur mise en liberté : le Saint-Père va donc pouvoir reformer autour de lui son conseil.

Quand de Saint-Quentin, de Reims, de Mézières, de Rethel et de Sedan les exilés se mirent en route, au milieu des marques de respect prodiguées par des populations qui, depuis trois ans, admiraient leur dignité dans le malheur, ils savaient déjà, — le public l'ignorait encore, — que leurs craintes étaient justifiées. La tristesse dans l'âme, ils se dirigeaient vers Fontainebleau.

On connaît les phases successives de cette tentative, un moment victorieuse, contre la discipline de l'Église. Le 1ᵉʳ janvier 1813, Napoléon, encore sous le coup des désastres de Russie, voulut gagner par la ruse ce que la violence n'avait pu obtenir. Profitant du renouvellement de l'année, il envoya un chambellan complimenter Pie VII. La glace était rompue.

Quelques cardinaux italiens restés bien en cour et trois évêques français, tous trop enclins à subir la fascination du pouvoir civil, entamèrent, au nom de l'empereur, des négociations où ils auraient dû plutôt représenter le Souverain Pontife. Mille moyens furent mis en jeu ; Napoléon lui-même vint remplir le rôle principal : douceurs, hauteurs, supplications, emportements, rien ne fut négligé ; les obsessions des prélats troublèrent le Pape circonvenu, la pensée d'une pacification vaille que vaille le fit fléchir ; il accorda enfin au repos des fidèles ce qu'il aurait certainement repoussé pour sa tranquillité personnelle, ce qu'il aurait dû refuser pour leur honneur [1].

[1] La situation religieuse, en 1813, était en effet épouvantable. En voici la peinture exacte :

« Treize cardinaux dépouillés de la pourpre et retenus en prison sous la surveillance de la haute police, quantité de prélats réputés démissionnaires et transportés hors de leur diocèse, des centaines de prêtres exilés en Corse; tous les couvents vides et dépouillés de leurs biens ; le Saint-Père captif; Rome, siège antique de la souveraineté pontificale, devenue le simple chef-lieu d'un département français; en France : un grand nombre de sièges épiscopaux vacants et livrés à l'anarchie par le fait de la volonté impériale, trois membres du concile arrêtés, puis contraints de donner leur démission; un grand nombre de prêtres détenus au fort de Fenestrelle ou dans les prisons départementales ». — Cte D'HAUSSONVILLE, *L'Église romaine et le premier Empire*, t. V, chap. 1.

Du moins, pour rendre ces concessions définitives, exigea-t-il l'arrivée de son conseil naturel : le collège des cardinaux. Tout le plan de l'empereur se trouvait ébranlé par cette prétention ; il fallut céder cependant, après avoir vainement réclamé de Pie VII un bref qui condamnât la conduite des treize Cardinaux noirs et qui les obligeât eux-mêmes à signer, au préalable, la promesse de ne rien faire de contraire aux quatre propositions de 1682 ; on dut déchirer l'arrêté qui les condamnait à l'exil.

Napoléon obtenait des concessions plus graves, mais cette satisfaction, rêvée depuis trois ans, échappait à son orgueil ; et, par la même ironie du sort, ce fut aussi Savary qui tint la plume pour annoncer officiellement aux préfets cet échec de la politique impériale :

« Paris, 26 janvier 1813.

« Je viens d'envoyer, Monsieur, des ordres de S. Exc. le ministre des Cultes à MM. les Cardinaux tenus en surveillance dans votre département. Dès ce moment toute surveillance cesse à leur égard ; et il leur sera délivré des passeports pour la destination qu'il leur plaira d'indiquer.

« Agréez, Monsieur, les assurances nouvelles de ma considération très distinguée.

« Le duc de Rovigo. »

Les cardinaux persécutés recouvraient leur liberté, reprenaient leurs honneurs sans avoir rien cédé de leurs droits.

M. Thiers paraît croire que Napoléon, après l'échange des signatures, le 25 janvier 1813, combla de grâces les personnages les plus illustres de l'Église pour manifester au Saint-Père ses bonnes intentions ; sur la même ligne, il place le retour des Cardinaux noirs et les faveurs honorifiques ou matérielles prodiguées aux complaisants de l'empereur.

Volontaire ou non, cette confusion est inacceptable ; pour les premiers, l'empereur cédait à regret devant la volonté de Pie VII, et les libéralités octroyées aux seconds leur infligent la marque de leur servilité. L'histoire n'a retenu ces noms que pour conserver la preuve d'une complaisance coupable.

« Les cardinaux di Pietro, Gabrielli et Litta, les premiers arrivés à Fontainebleau, avaient fait sentir au Souverain Pontife la gravité de la faute dans laquelle il avait été entraîné par surprise ; il en avait conçu une juste horreur ; et il ne pouvait mesurer la hauteur de la gloire d'où on l'avait précipité par de mauvais conseils, sans tomber dans la plus profonde mélancolie[1]. »

[1] Pacca, *Mémoires*, t. II, p. 26.

Cette tristesse, ces regrets, n'échappaient pas aux espions placés près du Pape. Napoléon vit bien que Pie VII, entouré d'amis fidèles, ne pourrait plus être aussi facilement trompé qu'au milieu des obsessions des intrigants et de l'énervement d'une solitude calculée ; il n'ignorait pas le caractère purement préliminaire de cette « pièce étrange, à laquelle manquaient les formes diplomatiques d'usage, puisque c'étaient les deux souverains qui avaient directement traité ensemble[1] ». Craignant une rétractation, d'autant plus facile que le concordat nouveau demeurait encore à l'état de simple projet, il crut qu'un coup d'audace entraverait la possibilité d'un retour ; il viola sa promesse de maintenir secrets les articles jusqu'à leur acceptation formelle, et il les fit communi-

---

[1] Talleyrand, *Mémoires*, t. II, p. 117.

quer solennellement au Sénat par l'archichancelier Cambacérès [1].

L'impression d'une *paix* religieuse excita tout d'abord la joie des catholiques, mais la lecture des conditions de cette soi-disant pacification dissipa vite leur allégresse. Les sarcasmes des impies leur donnèrent à réfléchir ; on prévit la fermeté des *Noirs*, et par allusion à la pourpre dont ils allaient de nouveau se revêtir, les Parisiens — car il faut rire de tout — firent ce mot : « Le Pape a conclu avec l'empereur un concordat qui fait rougir les cardinaux. » — Les fidèles ne comprenaient pas qu'une défaillance si grave pût couronner une résistance si douce, mais si forte, et leurs alarmes s'accrurent. Ce sont ces sentiments d'angoisses que, sur leur route, recueillirent les cardinaux proscrits,

---

Voir le texte de ce Concordat : ROHRBACHER, *Histoire de l'Église*, t. XII, p. 65-66.

sentiments qui les animaient eux-mêmes.

Bientôt tout le Sacré Collège fut réuni à Fontainebleau, après avoir dû subir la double et délicate présentation de leurs hommages à Napoléon et à Marie-Louise. Parmi ceux dont la présence devait faire éprouver le plus d'embarras à l'empereur — je ne parle pas de remords — était le cardinal Pacca, ne quittant pas seulement une ville dont il ne pouvait franchir l'enceinte, mais sortant de l'affreuse prison de Fenestrelle, où il avait passé sans interruption quarante-deux mois au cachot. — Quand un témoin aussi véridique et aussi intéressant prend la parole, il convient de le laisser parler :

« Je me rendis aux Tuileries à l'heure assignée, et je fus conduit dans un vaste appartement où se trouvaient déjà des ministres, l'archevêque de Tours et quelques officiers supérieurs, qui tous étaient venus pour être présents au *lever de l'empereur.* Je tenais les yeux fixés sur la porte, et le cœur me battait. Tout à coup, j'entends annoncer : l'Empereur !

« Il s'avance au milieu de la salle, et, après avoir promené des regards farouches sur tous les individus présents, il se dirige vers moi et s'arrête à peu près à la distance de cinq ou six pas. Le ministre des Cultes nomme le cardinal Pacca. « Le cardinal Pacca ! » répète l'empereur d'un air sérieux. Faisant un pas de plus vers moi et se rassérénant avec de bonnes manières : « Pacca, vous avez passé quelque temps dans la forteresse ? — Trois ans et demi, Sire. » Alors il inclina la tête, et faisant de la main droite sur la gauche le mouvement de quelqu'un qui écrit : « Vous avez écrit la bulle d'excommunication ? » voulant sans doute justifier publiquement les rigueurs dont j'avais été l'objet. Comme je gardais le silence, autant par convenance que pour ne pas provoquer quelque furieuse invective, il ajouta : « Mais, aujourd'hui, il faut oublier le passé. — De quel pays êtes-vous ? reprit-il. — De Bénévent. » A ce mot il passa outre, et apercevant le cardinal Consalvi : « Voilà Consalvi, dit-il, je le reconnais. — Quelle ville habitez-vous ? — Reims. — Bonne ville, » reprit l'empereur.

« Il acheva de parcourir le cercle, adressant à tous quelques paroles. J'avoue que je n'aurais pas cru en être quitte à si bon marché. Mais Bonaparte, qui voulait alors obtenir l'exécution du concordat, croyait que j'avais une grande influence sur l'esprit du Pape [1]. »

---

[1] PACCA, *Mémoires*, t. II, p. 32-33. — Le cardinal ajoute : « Vers les quatre heures après midi, je fus présenté à l'impératrice Marie-Louise, avec mes collègues Saluzzo, Galeffi et Consalvi. La souveraine nous fit un accueil gracieux, mais l'audience fut aussi courte qu'insignifiante. »

Pie VII choisit pour être logés avec lui, au château, par conséquent, comme conseillers intimes : Mattei, di Pietro, della Somaglia, Gabrielli, Consalvi et Pacca. C'était faire présager la conduite qu'il voulait tenir. Avec eux, il reprit l'examen des clauses du concordat et sollicita leur avis. Ils virent, si les concessions avaient déjà été bien graves, à quelles extrémités l'Église avait échappé, quand le Pape, ouvrant son secrétaire, leur présenta les clauses qu'il était parvenu à écarter :

I. Les Papes, avant leur couronnement, jureraient de ne rien ordonner de contraire aux quatre propositions gallicanes.

II. Ils n'auraient à l'avenir droit de nomination que pour un tiers des cardinaux; les deux autres tiers dévolus aux souverains catholiques.

III. Le Saint-Père condamnerait par un bref solennel la conduite des Cardinaux noirs.

IV. Les cardinaux di Pietro et Pacca, exclus de toute *amnistie*, ne pourraient jamais revenir auprès du Saint-Père.

Deux opinions se firent jour, et les esprits, fermes ou lassés, suivirent leur pente.

« Les Cardinaux *noirs* eux-mêmes n'avaient pas cette uniformité de sentiments et de pensées qui aurait dû régner parmi les personnes qui avaient suivi la même voie, partagé les mêmes souffrances, et qui se trouvaient, dans l'exil, assis sur la même pierre.

« Les Cardinaux qui avaient pris part au concordat [1], réunis à un petit nombre de Cardinaux *noirs*, entraînés par l'esprit de cour et la faiblesse de caractère, demandaient

---

[1] NN. SS. Doria, Dugnani, Fabrice Ruffo et de Bayanne.

le maintien du traité ; mais, pour calmer les clameurs de leurs collègues, proposaient de reprendre les négociations, afin de modifier les articles de cette convention et d'y faire insérer quelques clauses plus favorables au Saint-Siège et au Pape [1]. »

D'autres estimaient ces délais intempestifs, ces démarches inutiles : il convenait de rétracter purement et simplement l'erreur commise.

Leur avis prévalut, Consalvi fut chargé de le porter au Pape.

Pie VII éprouva un profond soulagement de conscience devant cette solution ; il ne restait plus qu'à l'exécuter, mais les difficultés étaient grandes. Les espions qui entouraient le Saint-Père ne permettaient pas de tenir des séances dans le palais sans éveiller les soupçons.

---

[1] PACCA, *Mémoires*, t. II, p. 100-101.

Parmi les cardinaux logés en ville, M⊃gr&/sup; Pignatelli était trop souffrant pour pouvoir quitter ses appartements ; là, il était possible de conférer sous le très plausible prétexte d'aller s'informer de sa santé. Sa maison devint le centre de toute la négociation; ses collègues Mattei, Litta, Scotti, Saluzzo, Ruffo, Galeffi, Consalvi, Pacca, di Pietro, s'y rendirent chaque soir et, « en prenant la précaution de tenir les portes exactement fermées [1] », purent discuter à l'abri des oreilles indiscrètes. Par leur tact, leur patience, leur sagesse, ils gagnèrent le cœur et l'esprit de quelques collègues hésitants [2], et Pie VII se prépara à écrire de sa main la lettre à l'em-

---

[1] Pacca, *Mémoires*, t. II, p. 135.
[2] « Si la bonne harmonie ne cessa de régner parmi les membres du Sacré Collège, on dut l'attribuer à l'excellent esprit et aux vertus des cardinaux Pignatelli, Saluzzo, Ruffo-Scilla, Scotti, Litta, Brancadoro, Galeffi et Oppizoni. » Pacca, *Mémoires*, t. II, p. 97.

pereur, rédigée par Consalvi, fruit de leurs communes délibérations.

Sa santé et la surveillance qui l'enserrait sans relâche offraient des obstacles nouveaux. Il était si faible, si abattu, qu'il pouvait à peine tracer quelques lignes par jour et au prix de précautions infinies.

Pendant qu'il célébrait ou entendait la messe, un agent de police visitait ses appartements, ouvrait son bureau et les armoires avec d'autres clefs ; le Saint-Père s'en était aperçu lui-même ; aussi, chaque matin, les cardinaux di Pietro et Consalvi lui apportaient le papier sur lequel il avait écrit la veille ; Pie VII y ajoutait encore quelques lignes ; dans l'après-midi, Pacca venant, la même opération se renouvelait ; la minute et la copie, cachées sous les habits du cardinal, étaient mises en sûreté chez Mgr Pignatelli.

Enfin, cette longue lettre, si grave et si importante, fut terminée [1].

Le Saint-Père invoquait des motifs au-dessus des considérations humaines, et avouait que, depuis le 25 janvier, les plus grands remords et le plus vif repentir n'avaient cessé de déchirer son âme, qui ne pouvait trouver ni paix, ni repos.

« Une seule pensée modérait un peu notre affliction : c'était l'espoir de remédier, par l'acte de l'accommodement définitif, au mal que nous venions de faire à l'Église en souscrivant ces articles. Quelle ne fut pas notre profonde douleur lorsque, à notre grande surprise, et malgré ce dont nous étions convenu avec Votre Majesté, nous vîmes publier, sous le titre de « Concordat », ces mêmes

---

[1] Voir le texte intégral dans les *Mémoires* de PACCA, t. II, p. 107 à 114.

articles qui n'étaient que la base d'un arrangement futur.

. . . .

« ... Sachant que, sous peu de jours, nous aurions la consolation de voir le Sacré Collège, notre conseil naturel, réuni auprès de nous, nous voulûmes l'attendre pour nous aider de ses lumières et prendre ensuite une détermination, non sur ce que nous nous reconnaissions obligé de faire en réparation de ce que nous avions fait, car Dieu nous est témoin de la résolution que nous avions prise dès le premier moment, mais bien du choix du meilleur mode à adopter pour l'exécution de cette même résolution.

. . . .

« Nous adresserons à Votre Majesté, par rapport à cet écrit signé de notre main, les mêmes paroles que notre prédécesseur Pascal II adressa dans un bref à Henri V:

Notre conscience reconnaissant notre écrit mauvais, nous le confessons mauvais, et, avec l'aide du Seigneur, nous désirons qu'il soit cassé tout à fait, afin qu'il n'en résulte aucun dommage pour l'Église, ni aucun préjudice pour notre âme. »

Pie VII exposait alors en quoi les volontés de l'empereur étaient inadmissibles, et inexécutables les articles qui en auraient consacré les prétentions : les circonstances actuelles n'offraient aucun motif plausible pour supprimer des sièges épiscopaux ou dépouiller leurs titulaires ; l'institution canonique des évêques que fixait la constitution même de l'Église ne pouvait être bouleversée par « une nouveauté inouïe » ; c'était une des prérogatives essentielles du Siège apostolique que le Pape s'était engagé à défendre par serment ; ses droits sur Rome et le domaine pontifical étaient également imprescriptibles.

En faisant cette déclaration à Napoléon, Sa Sainteté « cédait au cri de sa conscience », mais souhaitait ardemment la paix et un accommodement définitif.

En même temps qu'il allait la faire remettre à l'empereur, Pie VII voulait que sa lettre parvînt à la connaissance des fidèles ; mais il n'avait que trop de raisons de penser qu'elle leur serait cachée par le Gouvernement, nullement soucieux de divulguer un tel acte.

Les cardinaux Brancadoro et Consalvi étaient en relations quotidiennes avec une famille des plus chrétiennes de Fontainebleau, chez qui le premier recevait même l'hospitalité : les de Perthuis, alliés d'ailleurs à un des cardinaux persécutés : Louis de Ruffo-Scilla. Ils s'ouvrirent à la vieille marquise [1] de leur embarras

---

[1] Mme de Fresnoy.

à faire parvenir à Paris un papier important, et sa fille, la comtesse Émilie [1] s'offrit immédiatement à l'aller porter en dépit du péril.

Le soir même, dès que la nuit fut venue, déguisée en paysanne, le précieux document roulé et caché dans les plis de sa ceinture, elle partit seule et à pied pour ne pas attirer l'attention. Déjà elle était lasse et à moitié perdue, quand une patache qui passait l'accueillit et lui permit de franchir les dernières étapes. A l'aube, elle entrait dans les barrières de Paris, courait chez la personne indiquée par les cardinaux et revenait en hâte à Fontainebleau où son absence ne devait pas être remarquée [1].

[1] La comtesse Émilie de Perthuis, née vers 1788, était chanoinesse du chapitre noble de Bouxière, en Lorraine. Elle mourut fort âgée, bienfaitrice de l'hôpital de Fontainebleau, fondatrice du couvent des religieuses de Saint-Joseph, pour l'éducation des jeunes filles, et ayant relevé, de ses deniers, le couvent des Dames du Bon-Pasteur, à Sens.

[2] Peu de jours après, elle était reçue en audience par le Pape qui la remerciait de son zèle en la félicitant de son cou-

A la même heure, le 24 mars, le Saint-Père faisait appeler le commandant Lagorsse et lui remettait cette lettre, en lui recommandant de la porter sans retard à l'empereur; ce qui fut exécuté le jour même. Le Pape fit venir tous les cardinaux l'un après l'autre, afin d'éviter jusqu'à l'ombre du reproche d'avoir tenu une assemblée générale, et leur lut à chacun sa lettre en confirmant sa résolution, et en renouvelant ses regrets pour tout acte antérieur que l'obsession de ses gardiens ou la maladie lui auraient arraché.

Napoléon, le premier moment de colère apaisé [1], s'avisa d'une ruse nouvelle prévue

---

rage : « Que puis-je faire pour vous, Madame ? » — Elle demanda la permission d'avoir un oratoire domestique; le Bref lui en fut aussitôt délivré pour elle et sa famille à perpétuité. — Voir aux *Pièces justificatives* (n° VII) les lettres honorables que lui adressa, en 1814 et en 1815, le cardinal Consalvi.

[1] « Si je ne fais sauter la tête de dessus le buste de quelques-uns de ces prêtres de Fontainebleau, les affaires ne s'arrangeront jamais. »

par le Pape : il affecta de garder le plus profond silence.

Mais Pie VII ne s'y méprit pas ; aux traitements dont il fut victime, il reconnaissait que sa lettre avait été remise et qu'elle avait porté : les entrées sont supprimées, la foule des fidèles qui accourt chaque jour pour obtenir sa bénédiction, est consignée brutalement aux portes du palais ; défense aux cardinaux de voir le Pape pour lui « parler d'affaires ». Dans la nuit du 5 avril, le cardinal di Pietro est enlevé de son lit, de nouveau dépouillé de la pourpre, conduit par un agent de police à Auxonne, où il est mis en surveillance [1].

---

[1] Le rapport de l'agent de police Noël est caractéristique : Mʳ di Pietro fut conduit sans relais jusqu'à Tonnerre ; là, il fut enfermé dans une chambre dont Noël emporta la clef. Ils traversèrent Dijon au galop, les stores baissés, et dans une auberge voisine de la ville on fit venir un barbier pour raser le cardinal. Comme il avait encore un cordon rouge à son chapeau, on le lui enleva. *Archives Nationales*, F⁷ 6535.

Logé, sans même un domestique, à l'hôtel du Grand-Cerf, sa santé devint bientôt assez mauvaise pour exciter la pitié de Lagorsse, qui demanda la permission de rendre son secrétaire Joachim Sabelli au cardinal, « qui ne distingue pas les objets à six pouces de distance et n'a pas la plus légère idée des habitudes domestiques et même de la valeur des monnaies; incapable de s'habiller seul et ne parlant pas du tout le français [1] ». Le maire d'Auxonne, M. Dugué, fut touché à son tour de la situation maladive et de la dignité de Mgr di Pietro. « Il supporte son sort avec une résignation édifiante... Il réunit à des vertus sublimes les qualités les plus éminentes ; un caractère plein de franchise... Je passe chaque jour une heure avec cet homme de bien, et chaque jour je l'apprécie davantage [2]. »

[1] Lettre manuscrite de Lagorsse. *Archiv. Nation.*, F[7] 6536.
[2] Rapport du 22 mai 1813. *Id.*, F[7] 6535.

Enfin, le chevalier de Berbis, M. et Mme de Laforest, M. des Maillis reprirent auprès de lui le rôle de bienfaiteur qu'avait déjà exercé M. de Grosbois.

Le « Concordat de 1813 », déclaré loi d'empire, fut inséré au *Bulletin*, réputé obligatoire, sanctionné par des peines contre les contrevenants. On tenta de peser sur l'opinion en affectant de regarder comme légitime et définitif un acte essentiellement caduc, et de l'égarer en accusant le Pape de versatilité, même de mauvaise foi.

M. Thiers s'est fait, après cinquante ans, l'écho de ces calomnies, que déjà n'admettait plus personne après le premier mois de leur colportage[1]. Talleyrand, dont la prétention était de ne rien regretter de sa

---

[1] *Consulat et Empire*, t. XV, p. 386-388. — On rencontre dans ces pages de si graves erreurs, que les rectifications, faciles cependant, décourageraient celui qui les entreprendrait.

longue carrière, a pu reprocher au Souverain Pontife de s'être rétracté[1]; mais, puisqu'il expose, au paragraphe suivant de ses *Mémoires*, la faute commise en signant les articles préparés par l'empereur, il est permis de penser que reconnaître cette faute, c'était la réparer; persévérer dans son erreur ne peut jamais être que le signe d'un esprit orgueilleux et la marque d'un homme sans jugement.

Ces menaces éventuelles, la dissimulation de l'empereur, la campagne qu'il se préparait à soutenir contre les armées européennes, ouvraient le champ des conjectures; il fallait, au milieu de circonstances si extraordinaires, laisser le moins possible à l'imprévu : Pie VII ordonna aux cardinaux de rédiger une bulle réglant les dispositions

---

[1] *Mémoires*, t. II, p. 120.

du futur conclave, au cas où sa mort viendrait se joindre à tant de malheurs.

Pendant tout l'été de 1813, les péripéties de la lutte gigantesque qui se déroulait de Lutzen à Leipzig furent suivies par le Saint-Père et son entourage avec les sentiments les plus variés. Puisqu'il était bien avéré que le malheur irritait le despote au point d'augmenter ses folles exigences, et que la prospérité l'enivrait au point de lui faire perdre toute retenue, sa chute seule pouvant amener la liberté de l'Église, cette chute fut souhaitée. Chaque défaite fut considérée comme un succès par ceux qu'il persécutait, et dès qu'il fut permis d'entrevoir une issue pacifique à un conflit qui ensanglantait l'Europe depuis vingt-cinq ans, le Saint-Père écrivit à l'empereur d'Autriche pour obtenir sa médiation et la restitution de ses domaines, « comme fondée sur la justice de sa cause et sur les droits sacrés de la religion, qui exigent que le chef visible de l'Église puisse exercer librement, et d'une manière impartiale, sa puissance spirituelle dans toutes les parties du monde catholique[1]. »

Napoléon concentrait toutes les ressources de son vaste génie dans les choses de la guerre; après avoir montré, dans la campagne d'Allemagne, la défaillance momentanée d'un cœur qui s'abandonne, il retrouva, pendant la campagne de France, la merveilleuse lucidité et toute la souplesse de son esprit.

Mais à peine maintenant s'occupait-il du Pontife gardé à Fontainebleau. Par un reste d'orgueil, il voulut avoir l'air d'accorder ce que lui arrachait la fortune, et, sans préambule, sans surtout désigner clairement le

---

[1] Lettre du 24 juillet 1813.

terme du voyage, le matin du 23 janvier 1814, il fit avertir Pie VII que la route de Rome lui était ouverte ; une voiture l'attendait au bas du perron du château.

Le Saint-Père réunit à la hâte les cardinaux surpris, et leur adressa la parole :

« Nous avons la ferme persuasion que
« votre conduite, soit que vous soyez réunis,
« soit que vous soyez de nouveau frappés
« de dispersion, sera conforme à votre
« dignité, à votre caractère... Nous lais-
« sons au cardinal doyen des instructions
« écrites de notre main, qui vous serviront
« de règle dans les circonstances où vous
« vous trouverez. Nous ne doutons pas que
« vous ne demeuriez fidèles aux serments
« que vous avez prêtés à votre exaltation au
« cardinalat, et que vous ne montriez le
« plus grand zèle à défendre les droits sacrés
« de l'Église. *Nous vous commandons ex-*

« *pressément* de fermer l'oreille à toute pro-
« position relative à un traité sur les af-
« faires spirituelles ou temporelles; car telle
« est notre absolue et ferme volonté. »

Il leur laissa des instructions précises sur leur résidence future, la juridiction épiscopale, les schismes possibles, la souveraineté temporelle de l'Église; il leur interdit d'accepter du Gouvernement usurpateur : poste, fonction ou traitement; leur prescrivant de garder la plus sévère réserve dans la vie publique.

La joie de voir le Pape se diriger vers l'Italie était bien atténuée par la séparation. La bourrasque, d'ailleurs, ne semblait pas entièrement passée : le commandant Lagorsse avait injurié les cardinaux : « Pour vous, il
« n'y a rien de nouveau; si vous aviez montré
« plus de prudence et de modération, toutes
« les affaires seraient aujourd'hui terminées
« à la satisfaction des deux parties. » — A

cette impertinence, Mattei avait répondu que ce n'était pas le Sacré Collège qui avait manqué de modération et de sagesse, et tous avaient accompagné à la chapelle le Saint-Père, qui se mit en prières.

La journée se passa dans l'angoisse et l'attente; le soir, des ordres de police éclaireraient enfin les craintes sans les dissiper : les seize cardinaux habitant Fontainebleau devaient avoir quitté la ville dans les quatre jours; ils partiraient à des heures différentes, sous l'escorte d'un officier de gendarmerie qui ne devait leur faire connaître que pendant la route leur lieu de destination. Le 27 janvier, sous les ordres du colonel de la gendarmerie d'élite, baron de Meckenem, le mouvement commença [1].

La façon dont les serviteurs de l'empe-

---

[1] Voir aux *Pièces justificatives* (n° VIII) le nom de chaque gendarme attaché à chaque cardinal.

reur s'acquittèrent de leur consigne, caractérise l'époque, elle ne saurait être passée sous silence ; voici le texte des lettres du ministre de la Police et du ministre des Cultes :

« Paris, 25 janvier 1814.

« Monsieur le Cardinal,

« Je viens de recevoir des ordres concernant votre Éminence, en vertu desquels elle doit partir le plus tôt possible, et dans le plus strict *incognito*, pour se rendre à ..., département de ... La personne qui vous remettra cette lettre est M. N..., officier de la gendarmerie impériale, qui a l'ordre de vous accompagner jusqu'à ... Il lui a recommandé de condescendre aux désirs de Votre Éminence dans tout ce qui pourra se concilier avec les ordres donnés. J'ai prévenu les autorités de ..... de votre arrivée, et je suis persuadé qu'elles s'empresseront de concourir à tout ce qui pourra vous en rendre le séjour agréable.

« Je profite de cette occasion pour offrir à Votre Éminence l'assurance de ma très haute considération.

« Le duc de Rovigo. »

« *Ministère des Cultes,*
Cabinet particulier du ministre.

« Paris, le 31 janvier 1814.

« Monsieur le Cardinal,

« J'ai l'honneur de vous prévenir que Son Excellence le ministre de la Police générale, est chargé de vous notifier des ordres dont l'exécution ne peut être différée. Je ne pourrai recevoir aucune réclamation, et dès lors il serait inutile de demander un délai pour réclamer auprès de moi. Vous donnerez, par votre soumission, une nouvelle preuve de votre respect pour les ordres de votre souverain.

« Agréez, Monsieur le Cardinal, l'assurance de ma haute considération.

« *Le ministre des Cultes,*

« Cte Bigot de Préameneu. »

Quant à la manière dont les autorités devaient « s'empresser de concourir à tout ce qui pourrait rendre le séjour de leur ville agréable », la note secrète remise par l'officier de gendarmerie à chaque sous-préfet nous l'indiquera. Voici celle qui concernait le cardinal Pacca et qui parvint au sous-préfet d'Uzès.

« Celui qui vous remettra cette lettre est M. Lépine, officier de gendarmerie impériale, qui conduit le cardinal Pacca à Uzès, où il doit séjourner. Vous devez le tenir sous la plus étroite surveillance, et découvrir, au moyen des gens de service et de la maison qu'il habite, quelle est sa conduite, quels sont ses discours, les personnes qu'il voit, auxquelles il écrit des lettres, dont il en reçoit, pour m'informer de tout. Transmettez ces ordres au commissaire de police, afin qu'il s'y conforme, et dites-lui que, s'il ne remplit pas son devoir, vous pourrez le faire destituer sur-le-champ.

Ne laissez pas le cardinal officier en public; surveillez sa conduite avec vos prêtres, parce qu'elle peut être très dangereuse dans les circonstances actuelles. Tâchez de l'effrayer, et dites-lui ouvertement que le moindre motif de plainte contre sa conduite peut lui faire perdre entièrement sa liberté. »

C'est dans le Midi qu'avaient été dirigés les cardinaux, sauf Mgr Pignatelli que la maladie ne permettait pas de transporter hors de ses appartements :

Mgr Brancadoro, à Orange ;
Mgr Consalvi, à Béziers ;
Mgr Gabrielli, au Vigan ;
Mgr Galeffi, à Lodève ;
Mgr Litta, à Nîmes ;
Mgr Mattei, à Alais ;
Mgr Oppizoni, à Carpentras ;
Mgr Louis Ruffo, à Grasse ;
Mgr Saluzzo, à Saint-Pons ;
Mgr Scotti, à Toulon ;
Mgr della Somaglia, à Draguignan ;
Mgr Pacca, à Uzès ;
Mgr Dugnani, à Brignoles, près d'Aix.

Les événements se précipitaient. Pie VII s'acheminait à petites journées vers l'Italie ; ses États étaient encore occupés par les troupes napolitaines, et, en lui rendant le « patrimoine de saint Pierre », Napoléon avait disposé généreusement de ce qu'il ne possédait déjà plus. Jouant à peu près le même rôle facile, le Gouvernement provisoire prenait pompeusement un arrêté pour assurer la liberté du Souverain Pontife, beaucoup mieux défendu par la vénération des populations rendues à elles-mêmes que par les déclarations d'un pouvoir sans autorité.

« Le Gouvernement provisoire, instruit avec douleur des obstacles qui ont été mis au retour du Pape dans ses États, et déplorant cette continuation des outrages que Napoléon Bonaparte a fait subir à Sa Sainteté, ordonne que tout retardement à son voyage cesse à l'instant, et qu'on luy rende dans la route les honneurs qui luy sont dus.

« Les autorités civiles et militaires sont chargées de l'exécution du présent ordre.

« Donné à Paris, le 2 avril 1814.

« Signés (*sic*) :

    Le prince DE BÉNÉVENT.

    Le duc DE DALBERG.

    Le général comte DE BEURNONVILLE.

    François DE JAUCOURT.

    L'abbé DE MONTESQUIOU.

« Par le Gouvernement provisoire :

« Signé : DUPONT DE NEMOURS, *secrétaire*.

« Pour copie conforme :

« DUPONT (de Nemours)[1]. »

Tous ces politiques de hasard sentaient le sol trembler sous leurs pieds ; au milieu de l'effondrement, ils s'estimaient en sûreté en se rangeant, même à la dernière minute, dans

---

[1] Archives des Aff. étrangères. *Rome*, vol. 945, fol. 4. — Aux *Archives nationales* on trouve le même arrêté, avec quelques variantes ; je le reproduis aux *Pièces justificatives* (n° IX).

le parti du bon droit : ils voulaient cacher au plus vite leur cocarde sous un vernis de justice et d'honnêteté ; ils déployaient à se rapprocher des victimes de « l'usurpateur » un empressement égal à celui qu'ils avaient mis à les fuir depuis vingt ans. Aussi Talleyrand, muet sur tant d'autres événements religieux, n'a-t-il pas manqué de faire remarquer avec satisfaction sa présence à la tête du Gouvernement qui rendit cet arrêté réparateur [1].

Il n'y eut pas jusqu'aux geôliers eux-mêmes, la veille encore si brutaux et si arrogants, qui ne sentirent tout à coup l'odieux de leur position et supplièrent, un peu par remords, un peu par honte, beaucoup par peur, d'en être déchargés [2].

« Le 2 février, vers midi, la population

---

[1] *Mémoires*, t. II, p. 121.
[2] Voir aux *Pièces justificatives* (n° X) les lettres de Lagorsse à Savary, principalement la lettre n° 2.

toulousaine fut avertie que le Pape allait traverser la ville, venant de Fontainebleau et se dirigeant, ou plutôt étant dirigé vers l'Italie. Les rues voisines de la poste aux chevaux furent bientôt remplies d'une foule immense, mais le bruit ne tarda pas à s'y répandre, que l'autorité ne permettait pas à la voiture de Sa Sainteté d'entrer dans la ville, que le maître de poste venait de recevoir l'ordre d'envoyer ses chevaux relayer à la porte des Minimes. En un instant, les rues furent désertes, et la population couvrit les promenades publiques, qu'allait nécessairement traverser la voiture de l'illustre prisonnier. J'y courus avec ma femme qui, comme toutes les mères, se sentait heureuse de pouvoir obtenir la bénédiction papale pour ses enfants qu'elle conduisait avec elle.

« Ce fut un beau spectacle, même pour ceux qui comprenaient le moins tout ce que renfermait d'important, au point de vue religieux, moral et politique, la délivrance dont nous étions témoins. C'était, en effet, un spectacle significatif et touchant à la fois, que celui de ces immenses avenues, couvertes de cinquante mille individus, hommes, femmes et enfants de toutes les classes, de tous les âges ; des infirmes s'y faisaient transporter. La foule se jetait à genoux du plus loin qu'elle apercevait la voiture et se prosternait avec respect devant le Saint-Père, dont la main ne cessait de la bénir.

« Malgré les précautions prises par l'autorité pour laisser ignorer à la population ce passage rapide, il ne fut pas sans utilité pour la ville ; le temps employé à relayer et le peu de distance du village où le Pape passa la nuit, furent mis à profit pour solliciter une foule de dispenses, nécessaires à des consciences troublées par les saturnales de la

Révolution; peu de demandes furent rejetées, et cette indulgence du Souverain Pontife contribua à ramener au bercail un grand nombre de brebis égarées.

« Le passage du Pape fut suivi, dès le 7 février, de celui de plusieurs cardinaux, qui furent moins sévèrement traités et reçurent l'autorisation de s'arrêter dans la ville; on put les visiter, on put connaître l'état de dénuement dans lequel le Gouvernement les laissait; et une quête à domicile, immédiatement organisée, pourvut abondamment à tous leurs besoins[1]. »

On a peu de détails sur le séjour des cardinaux dans le Midi : au Vigan, Mgr Gabrielli logea chez M. d'Alzon, « propriétaire fort riche ».

A Lodève, Mgr Galeffi, chez M. Gilles Ar-

---

[1] Cte DE VILLÈLE, *Mémoires*, t. 1, p. 204.

razat, fabricant de drap ; il y reçut les visites du curé et des religieuses. Un rapport du sous-préfet nous apprend qu'il disait, le dimanche, la messe à l'hôpital, et qu'il assistait aux vêpres à la paroisse, « en frac brun, culotte, et bas rouges ».

Le cardinal Mattei, à Alais, descendit, le 9 février, vers quatre heures du soir, à l'hôtel du Luxembourg, en attendant qu'on installât pour lui la maison curiale. Il promit de ne pas officier en public, et assista le dimanche aux cérémonies dans le chœur, mais sans donner sa bénédiction [1].

Arrivé à Uzès, le 11 février 1814, le cardinal Pacca en partit le 22 avril, après soixante-dix jours d'internement. Les procédés de l'administration, de plus en plus gracieux, lui indiquaient heure par heure le degré de

---

[1] Rapports des sous-préfets de Lodève et d'Alais au duc de Rovigo. *Archives Nationales*, F7 6533-6534.

la pente que descendait Napoléon[1]. A la nouvelle de l'entrée de Louis XVIII à Paris, l'ivresse fut universelle ; instinctivement, la foule se porta sous les fenêtres du cardinal persécuté, pour célébrer la chute du persécuteur, et, dans un assemblage disparate, au fond très naturel, de ses sentiments, réunissant à sa satisfaction actuelle ses espérances prochaines, elle cria : « Vive le Roi ! vive le Pape ! vive le Cardinal ! *A bas les droits réunis !* »

---

[1] « Le Gouvernement provisoire, instruit que S. Éminence le cardinal Mattey (sic), doyen du Sacré Collège, est détenu à Alais, et plusieurs autres cardinaux en différentes villes de France ordonne :

« Qu'ils soient tous mis en liberté.

« Donné à Paris, le 9 avril 1814.

Le prince DE BÉNÉVENT.
Le général BEURNONVILLE.
MONTESQUIOU.
Le comte JAUCOURT.
Le duc DE DALBERG.

« Par le Gouvernement provisoire :
DUPONT DE NEMOURS. »

(*Arch. Nat.*, F⁷ 6529.)

Le cardinal remarqua un homme du peuple qui récitait une longue et violente satire contre Napoléon ; la foule le saluait de ses applaudissements. Il y eut illumination générale : ce ne fut que danses, cris, acclamations ; on éleva, devant la maison où Mgr Pacca recevait l'hospitalité, un petit arc de triomphe sur lequel on lisait : « Au juste délivré de l'oppression. » Quand il sortit, on détela ses chevaux pour le porter à la cathédrale, où il fut reçu sous un dais, harangué par le clergé ; il célébra le saint sacrifice au milieu d'un peuple immense [1].

En quelques heures, que de changements !

Avant même d'avoir quitté notre patrie, d'où, en dépit des jours douloureux, il emportait le meilleur souvenir de nos prêtres et des fidèles, Mgr Pacca put faire un rappro-

---

[1] *Mémoires*, t. II, p. 190-192.

chement éloquent en rencontrant près d'un petit village de Provence, « abattue, décharnée, d'une pâleur mortelle », cette Pauline Bonaparte « dont les journaux français avaient tant vanté les grâces et les charmes ». Il toucha par sa compassion ce cœur ulcéré, et la princesse, réfugiée à Rome, parlait de cette visite comme d'une démarche héroïque de la part d'une personne si longtemps maltraitée par l'empereur [1].

La conduite caractéristique du cardinal Pacca ne faisait que présager l'exemple de mansuétude que Pie VII donna au monde, en gardant, lui la plus pure des victimes du despote, le souvenir le moins irrité de son persécuteur. Il lui accorda un généreux pardon, rappelant le bien, oubliant volontairement le mal, et ne prononça jamais une

---

[1] *Mémoires*, t. II, p. 202 203.

parole de sarcasme ou de haine contre celui qui, tout-puissant, avait accumulé follement tant de nuages sur sa tête et qui, vaincu, aurait dû inspirer à ses anciens adulateurs plus de pitié.

Ceux que Napoléon, dans son orgueil aveugle, appelait « ses ennemis » : Consalvi, di Pietro, Pacca, tous les Cardinaux noirs, n'étaient que ses victimes et devinrent ses avocats quand le vide fut fait autour de cette grande infortune ; car si le propre de la vertu du chrétien est la résistance, courageuse parfois, toujours patiente, personne ne sait comme lui pardonner à l'oppresseur lorsque Dieu a justifié sa propre cause par la glorification de ses serviteurs.

Il faut se reporter aux violences de l'empereur, à son outrecuidance, à sa tyrannie savante, à la persistance de son courroux, et mettre en regard la mansuétude du Pape, son pardon facile, son espoir sans défaillance. Spectacle imposant, éloquent surtout, morale que les annales religieuses nous retracent à chaque page, mais qui prend un accent plus pénétrant encore quand les acteurs du drame de la liberté de l'Église sont nos contemporains.

On aimerait à trouver chez Napoléon vaincu, humilié, rayé presque du nombre des vivants, l'expression d'un sentiment de regret qui rendrait plus aisé le pardon que réclame sa mémoire, mais la déception est profonde. A Sainte-Hélène comme sur le trône, il conserve une superbe qui se traduit en paroles violentes, acerbes, calomnieuses, contre le Souverain Pontife, et cela à l'heure même où sa mère, ses frères Lucien, Louis, Jérôme, sa sœur Pauline, son oncle Fesch, mis au ban de l'Europe, trouvent un asile à Rome, cette terre classique de la liberté et du pardon.

Trop rarement, l'orgueil qui aveuglait son esprit, par ailleurs si lucide, fléchissait devant son bon sens, et il avait alors des vues profondes. D'un mot, il caractérisait avec brutalité, mais d'une manière que personne n'exprimera mieux, l'impression de son temps, dans une causerie avec M. de Ségur. « Que dira-t-on de moi après ma mort ? » — Et le grand maître des cérémonies parlait de regrets unanimes. — « Pas du tout, repartit l'empereur, on dira : *Ouf !* »

Il est probable que, dans leur cœur, les Cardinaux noirs ont poussé ce soupir de soulagement à la chute de celui qui les avait insultés, exilés, spoliés ; mais ils avaient l'esprit trop droit pour laisser paraître une joie mesquine, l'âme trop haute pour accabler un souverain détrôné.

Aussi bien, faisaient-ils facilement le sacrifice de leur personne pour n'envisager que la cause qu'ils servaient. En les touchant de son aile, la persécution les rendit forts ; et bien que leurs talents soient incontestables, bien que leurs vertus soient dignes de loüanges, s'ils se montrèrent supérieurs à la fortune, en un temps d'unanime défaillance, c'est surtout par l'amour de la vérité et le respect du devoir.

Ils courbèrent la tête sous l'orage, mais ne laissèrent pas leurs cœurs s'abaisser. Ils avaient lu l'histoire ; au milieu des tribulations, les rapprochements suggérés à leur mémoire pouvaient soutenir leur patience. Dans cette lutte séculaire et périodique du Sacerdoce et de l'Empire, les mêmes causes engendrent les mêmes effets. Les circonstances peuvent différer, les temps changer, les hommes disparaître ; mais la lumière du monde ne vacille pas, et toujours quelque chemin conduit à Canossa.

Il semble que la lutte, dont le résultat, à

travers des péripéties variées, est prévu, ne soit que la pierre de touche des consciences, et que ces trompettes de la renommée, si bruyamment embouchées par les apostats de tous les siècles, n'aient d'écho que pour proclamer les noms glorieux des témoins de l'Église et des serviteurs du Saint-Siège.

PIÈCES JUSTIFICATIVES

I

Notices biographiques sur les Cardinaux noirs

BRANCADORO (César). — Né à Fermo, le 28 août 1755. — Camérier secret de Pie VI. Supérieur des missions de Hollande. Archevêque de Nisibe et secrétaire de la Propagande.— Il fut chargé du discours d'ouverture au conclave de Venise. — Cardinal, le 23 février 1801, du titre de Saint-Augustin ; archevêque de Fermo, en 1808.

Après les événements qui le conduisirent en France et que nous avons racontés, il retourna à Fermo, où il mourut le 9 septembre 1837, ayant assisté au conclave de Léon XII, mais non à ceux de Pie VIII et de Grégoire XVI.

Dans la première période de sa vie, il publia divers écrits théologiques et littéraires.

⁂

CONSALVI (Hercule). — Sa vie est trop connue pour donner sur lui de long. détails ; je renvoie à ses *Mémoires*. Voici les dates principales de sa carrière :

Né à Rome, le 8 juin 1757. Auditeur de la Rote, juge au tribunal de la Signature, secrétaire du conclave de Venise. Nommé, par Pie VII, cardinal (du titre de Sainte-Marie-des-Martyrs) et secrétaire d'État, il fut envoyé à Paris pour la signature du Concordat. Sa fermeté lui valut la disgrâce de Napoléon, avant même le mariage de 1810. Après 1814, il redevint ministre, et prit part au Congrès de Vienne, comme représentant du Saint-Siège. Sa haute capacité et sa force d'âme le rendaient le soutien le plus habile du Pape et l'adversaire le plus redouté des sociétés secrètes.

Il mourut, le 24 janvier 1824, regretté de tout Rome où sa magnificence était fort renommée.

*
* *

GABRIELLI (Jules). — Né à Rome, le 20 juillet 1748, d'une famille princière. Cardinal (23 février 1801) du titre de Saint-Thomas *in Parione*, et, plus tard, de Saint-Laurent *in Lucina*. Évêque de Sinigaglia (1808) ; mais ne se rendit jamais à son siège. La même année (27 mars), nommé pro-secrétaire d'État.

Il protesta officiellement contre la violation du territoire pontifical. Arrêté le 17 juin 1809, conduit en France, il revint à Rome, en 1814. Secrétaire des Brefs, préfet du Concile, prodataire, il était réputé un fort savant canoniste.

Le 26 septembre 1822, il mourut à Albano.

*
* *

GALEFFI (Pierre). — Né à Césène, le 27 octobre 1770. — En 1794, camérier secret de Pie VI, son compatriote, et chanoine de Saint-Pierre. En 1798, lors de l'invasion française, il retourna dans sa ville natale ; en 1800, il fut nommé économe de la fabrique de Saint-Pierre. — Cardinal (12 juillet 1803) du titre de Saint-Barthélemy, et préfet de la Congrégation de la Discipline régulière. — Après les années d'exil en France (1809-1814), il devint secrétaire des Mémoriaux, archiprêtre de Latran et évêque suburbicaire d'Albano (1820), évêque de Porto (1830) ; il prit part aux trois conclaves de Léon XII, Pie VIII et Grégoire XVI. Il mourut à Rome, le 18 juin 1837.

**

LITTA (Laurent). — C'est à Milan, d'une famille noble, que naquit, le 26 février 1756, le cardinal Litta. Après avoir été protonotaire apostolique, il venait d'être nommé archevêque *in partibus* de Thèbes, quand Pie VI l'envoya comme nonce en Pologne; là, de 1794 à 1797, au milieu d'une terrible révolution, il montra un courage et une prudence remarqués. A Moscou, il assista au couronnement de Paul Ier. Il continua, à Saint-Pétersbourg, de pourvoir aux intérêts catholiques de Russie, en organisant la hiérarchie latine. Revenu pour assister au conclave de Venise, il fut créé cardinal du titre de Sainte-Pudentienne (23 février 1801), et préfet de l'Index et des Études. Il s'était montré fort opposé au voyage de Pie VII à Paris, en 1804; aussi Napoléon ne voulut-il jamais l'agréer comme plénipotentiaire, quand, en 1807, le Pape le chargea d'examiner avec la France les graves difficultés soulevées par l'empereur. Pendant son séjour forcé en France, il s'occupa des travaux théologiques et littéraires dont nous avons parlé. En 1814, il devint préfet de la Propagande et évêque suburbicaire de Sabine ; en 1818, vicaire de Rome. Le 1er mai 1820, il mourut au cours d'une visite pastorale dans son diocèse.

Sa valeur et ses vertus étaient reconnues de tous. Dans son *Histoire des Cabinets de l'Europe* (III, p. 249), Lefebvre parle de lui comme d'un des membres les plus distingués et les plus influents du Sacré Collège : « Il avait l'esprit souple, fin, une politesse exquise sans être obséquieuse, une remarquable éloquence de paroles, des mœurs austères et une foi ardente. »

On peut voir, par l'extrait de l'article suivant, les souvenirs qu'il avait laissés en France :

« Tous ceux qui l'avaient connu à Paris ont pris part au deuil de l'Église. Cette perte n'a pas été moins sentie à Saint-Quentin, où le cardinal avait séjourné près de trois ans, ainsi que S. Em. le cardinal de Ruffo-Scilla. Les ecclésiastiques, les simples fidèles, les protestants même de cette ville avaient été frappés du mélange de douceur, de noblesse et de fermeté qui formait son caractère et des charmes de sa conversation instructive. Dès qu'on a su sa mort à Saint-Quentin, le clergé a célébré un service solennel pour le repos de son âme, et plusieurs fidèles se sont unis à ce tribut d'attachement et de respect pour sa mémoire. » (*Ami de la Religion*, 7 juin 1820.)

⁂

MATTEI (Alexandre). — M*gr* Mattei joua un rôle important dans les affaires religieuses de son temps. Il naquit à Rome, le 20 février 1744. Il appartenait à une famille princière. Benoît XIV le fit abbé de Santa-Croce (1758). Comme chanoine de Saint-Pierre (1766), il devint populaire par sa charité, ses visites dans les hôpitaux, ses catéchismes aux petits enfants. Comme archevêque de Ferrare (1777), il donna l'exemple de la régularité, dirigeant les synodes, présidant des conférences, encourageant les retraites. Cardinal *in petto* (1779), il fut publié, le 22 mai 1782, dans un consistoire tenu dans la cathédrale de Ferrare même, par Pie VI, revenant de son fameux voyage à Vienne. Il recueillit dans son palais les prêtres français déportés par les lois révolutionnaires. En 1796, à l'approche de Wurmser et des Autrichiens, il prit en mains le gouvernement civil de la province. Pour le punir, Bonaparte le fit interner à Brescia ; puis, voulant traiter avec le Saint-Siège, il chargea le cardinal Mattei de cette mission ; c'est ainsi qu'il prit une grande part au traité de Tolentino.

Il resta à Ferrare jusqu'au conclave de Venise où il fut l'un des principaux *papabili*. Évêque suburbicaire de Palestrina (1800) ; évêque de Porto et sous-doyen du Sacré Collège (1809), évêque d'Ostie et de Velletri, et doyen des cardinaux en 1814, préfet de la Congrégation du Cérémonial et de la fabrique de Saint-Pierre, archiprêtre de Saint-Pierre, membre de huit autres congrégations, il mourut le 20 avril 1820 et fut inhumé à Sainte-Marie in *Ara Cœli*, dans la sépulture de sa famille.

* *
*

OPPIZONI (Charles). — Né à Milan (15 avril 1769). — Archevêque de Bologne (20 septembre 1802). — Cardinal du titre de Saint-Laurent *in Lucina* (26 mars 1804). — Sauf le temps de son exil en France, sa vie se passa dans un long épiscopat, à Bologne, où il mourut, fort âgé, en 1855.

⁂

DI PIETRO (Michel). — Né à Albano (18 janvier 1747). — Professeur au Collège Romain, secrétaire des affaires ecclésiastique extraordinaires. Ses travaux contre le jansénisme le firent remarquer. Il concourut à la rédaction de la Bulle *Auctorem fidei* contre le Synode de Pistoie. — Évêque d'Isaure *in partibus*. — Délégué de Pie VI à Rome, lors de l'enlèvement du Pape (février 1798). — Patriarche de Jérusalem (22 décembre 1800). — Cardinal *in petto* (1801), publié le 9 août 1802. — Mêlé aux négociations du Concordat (1801), pour la partie théologique. — Accompagna Pie VII en France lors du sacre. — Préfet de la Propagande (1806). — Légat du Pape à Rome (1809). — Grand pénitencier (1810). — Emprisonné au donjon de Vincennes (22 février 1811). — De nouveau délégué apostolique (1814), évêque suburbicaire d'Albano (1816) ; travailla au Concordat avec la France (1817) ; — évêque de Porto (1820) ; il mourut préfet de l'Index et de la Congrégation des Études, sous-doyen du Sacré Collège, le 2 juillet 1821.

⁂

PIGNATELLI (François). — Napolitain, né en Calabre, le 19 février 1744. des princes Pignatelli. Ses études achevées, à Rome, il fut vice-légat à Ferrare. — Maître de chambre de Pie VI (1780). — Cardinal (21 février 1794) du titre de Sainte-Marie-du-Peuple. — Il retourna à Ferrare, comme légat. A l'occupation française, il se retira à Naples; en revint pour le conclave de Venise. Pie VII le fit préfet de la Congrégation de la Discipline et des Réguliers.

C'est à lui, en partant pour Paris, que le Pape remit en dépôt l'acte de renonciation au Pontificat, au cas où il subirait quelque violence de Napoléon.

Conduit en France (1809), exilé après le mariage, il retourna à Rome en 1814, déjà très malade. Il mourut le 4 août 1815.

*
* *

RUFFO (Louis). — Né à Saint-Onofrio (Naples), le 25 août 1750, des princes de Scilla. — Nonce à Naples (1785). — Cardinal (23 février 1801) du titre de Saint-Martin-des Monts. — Le 9 août 1802, archevêque de Naples. — En 1806, il refusa le serment à Joseph, se retira à Gaëte et à Rome. — En 1809, ramené en France, il subit toutes les vicissitudes de l'exil et des internements successifs. — En juin 1815, il reprit son siège archiépiscopal, célébra un synode diocésain (1817), et fit exécuter de grands travaux au dôme et à ses autres églises. — Chef de l'instruction publique du royaume des Deux-Siciles, en 1822. — Présent aux conclaves de Léon XII, Pie VIII et Grégoire XVII (1823-1829-1830), il mourut à Naples le 16 novembre 1832. — Il était le parent du fameux cardinal Fabrice Ruffo.

Sa vieillesse fut très maladive ; il était devenu presque sourd, pendant les péripéties douloureuses et fatiguantes de ses voyages en France.

*
* *

SALUZZO (Ferdinand-Marie). — Des ducs de Conegliano. — Né à Naples, 21 novembre 1744. — Protonotaire apostolique, vice-légat à Ferrare. — Porcai de la Consulte à Rome. — Nonce en Pologne (1784). — Président du duché d'Urbino (1796). — Le 23 février 1801, cardinal du titre de Sainte-Marie-du-Peuple, plus tard de Sainte-Anastasie. — Membre des congrégations du Concile, de la Propagande et des Évêques. — A son retour à Rome, en 1814, préfet de la Congrégation *del buon Governo*. Mort le 3 novembre 1816. Le Saint-Père et tout le Sacré Collège voulurent assister à ses funérailles ; il s'était acquis par sa franchise, sa douceur, son urbanité de vives sympathies dans la société romaine.

* * *

SCOTTI (Philippe). — Le 25 février 1747, naquit à Milan. Entra de bonne heure dans la prélature romaine. — Archevêque de Lyda *in partibus* (1792) ; nonce à Florence, puis à Venise. — Maître de chambre de Pie VII (1800). — Cardinal (1801) du titre de Saint-Alexis, puis de Sainte-Praxède. Il vécut à Rome, fort occupé, comme membre des Congrégations de la Visite Apostolique, des Évêques et Réguliers, de la Propagande, des Indulgences ; administrateur de l'hôpital *della Consolazione*; protecteur d'un grand nombre de confréries et de monastères.

Emmené de force à Paris, en 1810, revint, en 1814, à Rome et fut archiprêtre de Sainte-Marie-Majeure. — Mort à Orvieto en 1820.

※

Della SOMAGLIA (Jules). — Né à Plaisance, le 29 juillet 1744, d'une famille illustre, protégée par les ducs de Parme. — Secrétaire de la Congrégation des Indulgences (1773) et de celle des Rites (1784). Patriarche d'Antioche (1785). — Cardinal du titre de Sainte-Sabine (1er juin 1795), plus tard de la Minerve. — Vicaire général de Rome, la même année ; fut envoyé en mission auprès de Berthier (1798). Lors des émeutes de Rome, fut emprisonné par les révolutionnaires, puis exilé. — Prit part au conclave de Venise. Le nouveau Pape l'envoya à Rome comme légat, le nomma cardinal-vicaire et préfet de la Congrégation des Rites.

Après les événements qui le conduisirent violemment en France, quand il retourna en Italie, il fut, en 1814, secrétaire du Saint-Office, archiprêtre de la basilique de Latran, suburbicaire de Frascati. En 1818, vice-chancelier de l'Église Romaine (il se démit alors de ses fonctions de cardinal-vicaire) ; en 1820, doyen du Sacré Collège et évêque d'Ostie ; en 1823, secrétaire d'État ; en 1824, préfet intérimaire de la Propagande ; en 1826, bibliothécaire du Vatican ; en 1828, il quitta la secrétairerie d'État (remplacé par le cardinal Bernetti). — Il mourut à Rome, le 2 avril 1830, laissant tous ses biens à la Propagande.

En 1814, il avait concouru au rétablissement des Jésuites, auxquels le liait une ancienne et profonde affection qui lui avait valu la sympathie de Clément XIII et la froideur de Clément XIV.

Il prit part aux conclaves de Léon XII et de Pie VIII ; au premier, un très grand nombre de voix se portèrent sur son nom. On remarqua que, pendant sa longue carrière, où il se montra intelligent, instruit, éloquent, habile, il avait aidé de ses lumières sept papes, successivement.

II

Le divorce de l'Empereur et le Code Napoléon

Dans son mémoire lu à l'Académie des Sciences morales et politiques, M. Colmet de Santerre, doyen de la Faculté de Droit de Paris, n'étudie le divorce qu'au point de vue exclusivement juridique, et n'examine que le lien civil qui unissait Napoléon et Joséphine.

Ce mariage a été *dissous* par un sénatus-consulte, constatant la *volonté* des deux conjoints de le rompre.

M. Colmet de Santerre prouve : 1° que la *volonté* des deux contractants n'était pas suffisante ; 2° que le Sénat n'était pas compétent.

Pour être compétent, il lui aurait fallu posséder une, au moins, des trois qualités suivantes, être : officier de l'état civil, — tribunal, — assemblée ayant un pouvoir législatif.

Or, le Sénat n'a jamais eu la qualité d'officier de l'état civil, et aucune loi sur le divorce ne lui a attribué le pouvoir de rompre un mariage. — Il n'a jamais eu la moindre portion du pouvoir judiciaire et, dans l'espèce, il n'a entendu ni les parties intéressées, ni leurs représentants. — Il n'a jamais eu un pouvoir législatif ; et, d'ailleurs, le pouvoir législatif édicte pour tous des règles qui régissent l'avenir ; le législateur ne statue jamais pour des particuliers sur des faits accomplis.

Il y a plus : l'article 289 du Code civil, le Code même de Napoléon, traitant du divorce par consentement mutuel, énumère les prescriptions requises pour y être admis, et la première, c'est que la femme ait moins de quarante-cinq ans : Joséphine, née en 1763, avait dépassé cet âge.

Le Statut impérial de 1806, rédigé par Napoléon lui-même, n'est pas moins décisif ; l'article premier déclare que l'Empereur est le chef de sa famille (donc il en fait partie) ; et l'article 7, que le divorce est interdit aux membres de la famille impériale.

Tel est le canevas de la savante argumentation de M. Colmet de Santerre, que j'ai regretté de ne pouvoir reproduire tout entière ; voici au moins sa conclusion :

« Le sénatus-consulte du 18 décembre 1809 était donc nul et sans effet ; j'ajoute que les conséquences de cette nullité auraient pu être des plus graves si, les événements ayant suivi leur cours naturel, l'empereur était mort sur le trône.

« Le divorce étant nul, Napoléon n'avait pas pu contracter un mariage légitime avec Marie-Louise. D'après le Code Napoléon, ce mariage, atteint du vice de bigamie, pouvait être attaqué par toute personne intéressée, alors même qu'il se fût écoulé un long temps depuis sa célébration.

« De ce mariage nul ne pouvaient naître que des enfants adultérins, dépouillés de tout droit à la succession paternelle. Dès lors, le roi de Rome n'est pas enfant légitime, il n'est plus héritier du trône, et l'empereur n'a pas de descendants directs. Le but qu'on voulait atteindre est donc manqué, ou, pour mieux dire, on a obtenu des résultats contraires à celui qu'on désirait...

« Certainement, en droit, devant un tribunal régulier, on pourrait plaider, avec succès peut-être, la bonne foi de l'impératrice. Mais la dignité impériale ne se dispute pas dans l'enceinte paisible des tribunaux, et il est impossible de ne pas voir à quels dangers aurait été exposé l'établissement de l'Empire, si des prétendants avaient pu alléguer avec une certaine vraisemblance, que le prince impérial était enfant naturel.

« ... Il existait des Français, peut-être en grand nombre, qui plaçaient l'institution du mariage au-dessus du caprice ou des combinaisons politiques d'un souverain tout-puissant. »

(Mémoire lu le 4 mars 1894.)

Compte rendu des séances et travaux de l'Académie des Sciences morales et politiques. — N° de mai 1894.

III

*Renseignements de police
sur les Cardinaux habitant Paris*

(4 février 1810)

Ce rapport n'est pas signé ; il paraît venir de Rome ; il mentionne tous les membres du Sacré Collège ; je ne donne que les notes concernant les *Cardinaux noirs*, en laissant, bien entendu, la responsabilité des appréciations au policier qui les a rédigées :

*
* *

« MATTEI. — C'est un prince romain très régulier, très vain, d'un esprit médiocre, très ultramontain, mais il n'a pas un caractère violent, et de lui-même il a tempéré ses opinions depuis son arrivée à Paris. On lui en impose avec de la fermeté ; mais la moindre dureté le cabrerait. Il a la rage papale au plus haut degré, et c'est en lui laissant l'espoir de devenir Pape qu'on peut en faire ce qu'on veut.

*
* *

« PIGNATELLI. — C'est un dévot ardent et de bonne foi. Sa jeunesse a été très dissipée. C'est aujourd'hui un fanatique incurable, ennemi de la France et très passionné contre l'Empereur. Nullité absolue, point cabaleur, par conséquent point dangereux.

*
* *

« Della SOMAGLIA. — Il s'est fait dévot à toute outrance depuis qu'il est évêque ; il ne manque ni d'esprit ni d'instruction ; mais il est imbu de tous les préjugés de la Cour de Rome. Il entend raison dans le tête-à-tête, et il désapprouve tout ce qui se fait à Rome depuis quelques années, parce qu'il n'a été consulté sur rien. C'est un homme minutieux et vain. En le flattant et en caressant son orgueil, on peut le gagner aisément.

⁂

« SALUZZO. — C'est un bel homme qui a quelque éducation et qui est à peu près nul dans les affaires. Il a été le dernier nonce de Rome en Pologne. Il suivra la foule sans se mêler de rien.

⁂

« BRANCADORO. — Il a fait traduire par quelque moine le traité fanatique des *Deux Puissances*, composé par l'abbé Gey, chanoine de Notre-Dame de Paris, et il l'a publié sous son nom, ainsi que les *Tombeaux d'Hervei*. C'est en se donnant ainsi pour auteur, qu'il a fait fortune. Il est archevêque de Fermo. Il est très circonspect et très poltron depuis qu'on lui a rappelé combien cette production de l'abbé Gey inspire de méfiance contre le Gouvernement dans les circonstances présentes. C'est un homme à femmes, intrigant à l'excès, sans esprit, sans considération et sans influence. Il a suffi de l'avertir froidement qu'on a les yeux ouverts sur lui et sur ses liaisons et qu'on ne le prendra pas du tout pour un fanatique, s'il ne marche pas droit, pour le rendre docile aux vues du Gouvernement.

⁂

« SCOTTI. — Homme nul

⁂

« LITTA. — Il a un bon ton, un esprit médiocre, très peu de connaissances, et il affiche beaucoup de dévotion pour faire oublier sa jeunesse. C'est le cardinal della Somaglia qui l'a enrôlé dans le parti des dévots et qui dispose entièrement de son opinion.

⁂

« GABRIELLI.— Il a quelque notion des tribunaux et des lois de Rome. Il aspire à la papauté ; il a la superstition et le fanatisme du xive siècle. Personne n'influe sur ses opinions, et il est souvent violent dans ses discours, quoiqu'il ait de la douceur dans le caractère. Il deviendrait plus prudent, si on l'avertissait tête-à-tête qu'on aurait des vues sur lui, s'il ne se montrait pas, en toute occasion, un ennemi fou du Gouvernement français et un partisan aveugle de toutes les folies ultramontaines, mais qu'on oubliera le passé s'il change de ton et de maximes.

∴

« DI PIETRO. — C'est lui qui a jeté le Pape dans l'abîme. C'est un capricieux et très médiocre professeur de droit commun au collège de la Sapience, un docteur en droit qui ne connaît ni le monde ni les affaires. Il était très timide autrefois, et son fanatisme l'a rendu tellement audacieux qu'il serait capable de répondre par des outrages aux moindres reproches que le Gouvernement lui ferait en public. Il est furibond et indomptable. Il faut le traiter avec le plus froid mépris. Il est abhorré de tout le Sacré Collège et de tous les Romains qui lui imputent avec raison toutes les déterminations du Pape. Il n'est pas dangereux par ses intrigues, parce qu'il mène une vie très retirée. Le Gouvernement doit avoir néanmoins les yeux ouverts sur ses relations de vive voix ou par écrit. Sa rage contre la France est un véritable délire.

⁂

« GALEFFI.— C'est la maison Braschi qui l'a fait cardinal, en le présentant au Pape comme son allié et en demandant pour lui la restitution du chapeaé que le Pape actuel avait reçu de Pie VI. C'est un droit d'usage établi à Rome. Il est fort réservé, a très peu d'esprit, et s'est jeté dans le parti des dévots. On ne s'assurerait de rien en travaillant ses opinions qui ne lui appartiennent pas.

⁂

« OPPIZONI. — On ne le connaît point à Rome, et l'opinion publique ne lui est nullement favorable.

⁂

« CONSALVI. — Un homme d'esprit, et on peut aisément l'attirer dans le parti de l'empereur. On l'a jugé avec prévention et injustice. Sa mauvaise santé et sa disgrâce à Rome ont achevé de le dégoûter de toutes les affaires depuis la mort de son frère unique. Il est sans famille et probablement sans ambition. On ne saurait le trop bien traiter. On en tirera parti dans les grandes occasions, quoique son état actuel lui laisse très peu d'influence dans le Sacré Collège. »

Archives Nationales. *Papiers de la secrétairerie d'État.* A. F^{IV}. 1047.

IV

Domicile des Cardinaux à Paris

(1810)

Di Pietro : Collège des Irlandais.
Consalvi : 7, rue de Lille (Hôtel d'Élisée).
Litta : rue de Grenelle-Saint-Germain.
Louis Ruffo : 14, rue du Grand-Chantier.
Galeffi : rue du Lycée (Hôtel de l'Europe).
Mattei : 85, rue de Grenelle-Saint-Germain.
Della Somaglia : rue de Sèvres (Abbaye aux Bois).
Scotti : rue Saint Dominique (Hôtel de Rome).
Gabrielli :   id.   id
Brancadoro.
Saluzzo.
Oppizoni.
Pignatelli.

V

Alliance de Napoléon. Parenté du Roi de Rome

Voici comment, très réellement, Napoléon, grâce à son mariage, devenait l'arrière-petit-fils de la grande Marie-Thérèse, et le petit-neveu, par alliance, de Marie-Antoinette et de Louis XVI :

MARIE-THÉRÈSE D'AUTRICHE (1717 à 1780).
(François de Lorraine).

LÉOPOLD II	MARIE-ANTOINETTE.	MARIE-CAROLINE.
Empereur d'Allemagne.	(Louis XVI).	(Ferdinand Ier),
(Marie-Louise),		Roi de Naples.
Infante d'Espagne.		

FRANÇOIS Ier   LOUIS XVII.
Empereur d'Autriche.
(Marie-Thérèse de Naples).

MARIE-LOUISE.
(Napoléon).

Et comment aussi, les trois représentants des trois dynasties rivales, des trois principes politiques contraires, étaient cousins issus de germains et parents au sixième degré :

FERDINAND Ier (1751 à 1825)
Roi de Naples.
(Marie-Caroline d'Autriche).

FRANÇOIS Ier	MARIE-THÉRÈSE.	MARIE-AMÉLIE.
Roi de Naples.	(François Ier),	(Louis-Philippe d'Orléans),
(Marie-Clémentine d'Autriche).	Empereur d'Autriche.	Roi des Français.
CAROLINE	MARIE-LOUISE.	DUC D'ORLÉANS.
(Duc de Berry).	(Napoléon Ier).	(Hélène de Mecklembourg).
DUC DE BORDEAUX.	LE ROI DE ROME.	COMTE DE PARIS.

VI

Séquestre des biens des Cardinaux dans les royaumes d'Espagne et de Naples

(1810)

Voici la correspondance caractéristique échangée à cette occasion entre le Ministre des relations extérieures et nos représentants à Madrid et à Naples : le comte de La Forest et M. Hüe de Grosbois.

A

1°

« Compiègne, 12 avril 1810.

« Monsieur,

« J'ai l'honneur de vous transmettre un décret de S. M. qui ordonne le séquestre de tous les biens appartenant à plusieurs cardinaux, en France et dans le royaume d'Italie. L'intention de S. M. est que les mêmes mesures soient prises en Espagne et dans le royaume de Naples envers ceux de ces cardinaux qui y possèdent des biens. Veuillez faire les démarches nécessaires pour que les vues de S. M. soient remplies. Je vous prie de me faire part des dispositions que le Gouvernement espagnol aura prises à cet effet et d'agréer l'assurance, etc. »

Champagny, duc de Cadore. »
(*Archives des Affaires Étrangères.*)
Espagne, vol. 682, fol. 44.

2°

Le duc de Campo Alange, ministre des Affaires étrangères d'Espagne, fit, à dessein, une réponse dilatoire au comte de La Forest qui lui transmettait l'ordre de l'empereur :

« Monsieur l'Ambassadeur,

« J'ai reçu la note que V. E. a bien voulu m'adresser, le 23 de ce mois, avec copie de celle écrite à M. d'Almenara[1], le 29 du mois dernier, en lui communicant le décret rendu, le 8 d'avril, par S. M. l'Empereur des Français, par lequel il est ordonné

[1] Ambassadeur extraordinaire d'Espagne à Paris.

de mettre sous séquestre, en France et dans le royaume d'Italie, tous les biens et revenus, soit de bénéfices ecclésiastiques, pensions, meubles et immeubles appartenant aux cardinaux y désignés, et de faire connaître cette mesure dans les Cours de Naples, Madrid et Amsterdam, pour qu'elles en fassent autant des biens et revenus qui existent dans leurs états respectifs.

« Cette affaire étant du ressort du Ministre des Affaires ecclésiastiques, j'ai passé copie de la lettre et du décret à M. le comte de Montarco, qui en est chargé provisoirement, afin qu'il rendît compte au roi, et que S. M. daigne décider ce qu'elle jugera convenable. J'aurai l'honneur de transmettre à V. E. la détermination royale dès qu'elle m'aura été communiquée par M. de Montarco.

« Je lui renouvelle les assurances de ma haute considération.

« Le duc de Campo Alange. »

Au Palais, le 26 de mai 1810.

A. S. E. M. l'Ambassadeur de France.

(*Id.*, vol. 682, fol. 232.)

3°

La Forest transmit cette réponse au duc de Cadore, en indiquant que, par crainte d'un refus formel, il n'osait aller plus loin :

« 2° Division politique.   Madrid, 28 mai 1810.
N° 86.

« Monseigneur,

« J'ai eu l'honneur de prévenir V. E. le 29 du mois dernier, que je venais d'écrire à M. le marquis d'Almenara relativement aux mesures à prendre en Espagne, à l'égard des propriétés que pourraient y avoir ceux des cardinaux, dénommés dans le décret de S. M. l'Empereur, du 8 avril. J'ai eu soin d'expédier peu après un duplicata de cet office. Quoique les précautions prises m'eussent donné la certitude qu'il n'y avait interception, ni de l'un, ni de l'autre paquet, j'ai, depuis le retour du roi à Madrid, questionné inutilement sur leur réception, M. d'Almenara et M. de Campo Alange. Il eût été inconvenant que je poussasse mes recherches trop loin. J'ai préféré remettre le 23 de ce mois à M. le duc de Campo Alange un triplicata de mon office, avec une lettre nouvelle, par laquelle je le prie de prendre le plus promptement possible les ordres de S. M. C. J'ai l'honneur d'envoyer à V. E. la traduction de la réponse que je viens de recevoir.

« J'ai le regret d'avoir à observer qu'elle est du genre de celles usitées lorsqu'il y a intention d'éluder. Je pourrai répliquer à M. le duc de Campo Alange, que, s'il avait voulu considérer la nature urgente de l'affaire, il aurait proposé lui-même une décision au roi, au lieu de faire un renvoi pur et simple de mes lettres au ministre des Affaires ecclésiastiques. Mais je sens que ce serait l'embarrasser, donner de l'humeur peut-être, à coup sûr ne pas avancer davantage, tant il est évident qu'il n'a pas agi de son propre mouvement. Il pourrait d'ailleurs avoir ordre de m'écrire que le décret de S. M. l'Empereur ayant été rendu sur le rapport de son ministre des Cultes, il était naturel que le ministre des Affaires ecclésiastiques d'Espagne fût mis à même de faire avant toutes choses un rapport à S. M. C. Je me flatte que V. E. approuvera que je me sois borné à faire successivement des instances verbales, et je désirerais qu'elle eût la bonté de me dire quel degré d'insistance je devrais mettre dans un nouvel office, si je n'avais pas réussi à obtenir une décision conforme aux intentions de S. M. I. et R.

« Je supplie V. E. d'agréer l'assurance de ma haute et respectueuse considération.

« La Forest. »

(*Id.*, vol. 682, fol. 239.)

4°

Mais il peut bientôt donner de meilleures nouvelles :

« 2ᵉ Division politique.   Madrid, 2 juin 1810.
N° 90.

« Monseigneur,

« Depuis la lettre que j'ai eu l'honneur de transmettre à V. E., le 28 mai, j'ai trouvé jour à placer en conversation quelques réflexions sur la lenteur de la décision que j'avais demandée, le 29 avril, au sujet du décret de S. M. l'Empereur du 8 du même mois. Je reçois à l'instant une seconde lettre de M. le duc de Campo Alange :

« Le ministre des Cultes, me dit-il, l'informe que
« S. M. C. a bien voulu ordonner que l'on vérifiât si
« les cardinaux désignés avaient des biens ou reve-
« nus en Espagne et, dans le cas affirmatif, que les

« ordres les plus efficaces fussent transmis pour
« l'entière exécution du décret. »

« Autant j'avais été peiné précédemment d'avoir à
remarquer des hésitations pour une chose aussi
simple, autant il m'est agréable d'avoir à annoncer à V. E. qu'il ne me reste plus désormais
qu'à veiller à ce que les intentions formellement
exprimées par le Roi soient remplies.

« Veuillez, Monseigneur, accueillir les assurances
nouvelles de ma haute et respectueuse considération.

« La Forest. »

(*Id.*, vol. 682, fol. 258.)

5°

On trouva que, seul, le cardinal Consalvi, avait
un bénéfice à Cordoue comme archidiacre de la
cathédrale.

« Monsieur l'Ambassadeur,

« Le ministre des Affaires ecclésiastiques par
interim me mande, sous la date du 20 du mois dernier, ce qui suit:

« Il résulte des mesures que j'ai prises pour vé-

« rifier si les treize cardinaux, compris dans le dé-
« cret de séquestre de S. M. l'Empereur, avaient
« dans les églises d'Espagne des rentes ecclésias-
« tiques, pensions, bénéfices ou autres propriétés ;
« qu'il ne s'est trouvé jusqu'à présent que le cardi-
« nal Hercule Consalvi, qui en possédât un dans
« la cathédrale de Cordoue à titre d'archidiacre,
« dont il jouissait depuis novembre 1806. Ayant
« rendu compte de ce fait au Roi, S. M. a ordonné
« que les revenus provenant dudit archidiaconat
« fussent séquestrés et mis à la disposition de S. M. I.
« et R. J'en fais part aujourd'hui même à M. le ministre
« des finances, pour qu'il donne les ordres néces-
« saires à l'exécution de cette décision souveraine.

« J'ai l'honneur de transmettre à V. E. cette réponse pour son intelligence, et afin qu'elle en donne connaissance à S. M. l'Empereur des Français.

« Je saisis cette occasion, etc.

LE DUC DE CAMPO ALANGE. »

Au Palais, le 10 de juillet 1810.

A S. E. le comte de La Forest.

(*Id.*, vol. 683, fol. 22.)

6°

La Forest demanda au duc de Cadore ce qu'il fallait faire des revenus des biens séquestrés :

« 2ᵉ Division politique.
« N° 113.
                            Madrid, 12 juillet 1820.
    « Monseigneur,

« J'ai l'honneur d'envoyer à V. E. la traduction d'une lettre que je viens de recevoir de M. le duc de Campo Alange, qui m'informe aujourd'hui que M. le cardinal Consalvi possédait un archidiaconat dans la cathédrale de Cordoue et que le revenu en sera désormais tenu à la disposition de S. M. I. et R. — S. E. aura la bonté de me faire connaître les indications que je dois donner au ministre des Finances de S. M. C.

« Veuillez, Monseigneur, etc...

« La Forest. »

(*Id.*, vol. 683, fol. 30.)

7°

Consulté, Gaudin (duc de Gaëte), ministre des Finances, répondit au duc de Cadore, qu'il ne savait non plus ce qu'il convenait de faire de cet argent... trouvé ; et Champagny le répéta à Forest :

« 12 août 1810.

« J'ai reçu la lettre que V. E. m'a fait l'honneur de m'adresser le 12 juillet, pour m'annoncer que les revenus dont M. le cardinal Consalvi jouissait en Espagne avaient été séquestrés, conformément au décret impérial du 8 avril. — V. E. désirait savoir s'il lui restait quelques indications à donner sur ce même objet au ministère espagnol ; j'en ai écrit au ministère des Finances, et S. E. vient de me répondre que le décret du 8 avril ne contenait à cet égard aucune disposition et qu'il lui paraissait que l'intention de S. M. I. et R. n'avait pas été que les confiscations, qui auraient lieu hors de France, tourneraient au profit du Trésor Impérial.

« Agréez... etc...

« Le duc de Cadore. »

(*Id.*, vol. 683, fol. 160.)

B

L'empressement à satisfaire le courroux de l'empereur ne fut pas moins grand à Naples. Le marquis de Gallo, ministre de Murat, avant même d'avoir reçu l'ordre de son maître, annonça qu'on allait confisquer, en attendant, les biens des cardinaux ; il écrivit à M. Hüe de Grosbois, notre chargé d'affaires.

1°

« Naples, 25 avril 1810.

« Monsieur,

« Dès que j'ai reçu la note que vous m'avez fait l'honneur de m'adresser, sous date du 22 courant avec le décret impérial du 8 avril, portant le séquestre sur les biens des cardinaux qui y sont désignés, je me suis empressé de la soumettre, avec mon rapport, au Roi pour recevoir ses ordres.

« En attendant, convaincu du vif empressement de S. M. à saisir les occasions de marquer son dévouement à S. M. l'Empereur, le conseil des ministres n'a pas hésité à ordonner que tous les biens, meubles, immeubles, capitaux et bénéfices ecclésiastiques, appartenant dans le royaume aux cardinaux désignés dans le décret impérial, soient mis, dès ce moment, sous la main du Gouvernement, afin qu'il n'en soit distrait, ni disposé par aucune partie, jusqu'à l'arrivée des ordres du Roi.

« Agréez, Monsieur...

« Le marquis de Gallo. »

(*Archives des Affaires étrangères.* — Naples, vol. 135, fol. 158.)

2°

Le roi Murat ne fit pas mentir ces espérances, et M. de Grosbois put, le 2 mai, communiquer au duc de Cadore la lettre suivante :

« Naples, le 1ᵉʳ mai 1810.

« Monsieur,

« Après le retour de S. M. le Roi dans sa capitale, je me suis empressé de prendre ses ordres sur le contenu de la note que vous m'avez fait l'honneur de m'adresser, sous la date du 22 passé.

« Le Roi, toujours empressé de donner à S. M. I. et R. toutes les preuves de son inviolable dévouement, et de sa déférence à ses désirs, a décidé que les mêmes mesures prescrites par le décret impérial, contre les cardinaux qui y sont désignés, soient rigoureusement exécutées dans ses États..

« Il me prie de vouloir bien porter à la haute connaissance de S. M. l'Empereur les nouvelles preuves des sentiments inviolables de S. M.

« Agréez, etc...

« Le marquis de Gallo. »

(*Id.*, vol. 135, fol. 171.)

VII

Liste des officiers et sous-officiers accompagnant les Cardinaux

(1814)

Le colonel de gendarmerie d'élite, baron de Meckenem, dirige le départ des Cardinaux (janvier 1814). — Les officiers et sous-officiers, dont les noms suivent, les accompagnent :

Claude,	lieutenant :	Cardinal Litta.
Dambron,	—	— Oppizoni.
Gringuillard,	m^{al} des logis :	— Somaglia.
Lépine,	—	— Pacca.
Motte,	—	— Consalvi.
Michel,	brigadier :	— Dugnani.
Duplan,	—	— Mattei.
Beville,	—	— Galeffi.

Douy,   brigadier :   Cardinal Ruffo.
Boucher,   —   —   Salluzo.
Neau,   —   —   Gabrielli.
Chandelier,   —   —   Scotti.
Monasson,   —   —   Brancadoro.

(ARCHIVES NATIONALES, F7 6529.)

VIII

*Lettre du cardinal Consalvi
à la comtesse Émilie de Perthuis*

« Madame,

« N'étant pas bien sûr si, arrivé au lieu de ma destination, je pourrai satisfaire à ce que mon devoir et mon cœur exigent de moi envers vous, je me hâte d'ici, où je suis arrivé ce soir, et d'où je partirai demain pour continuer ma route, comptant d'être dans trois jours à la fin de mon voyage. Je m'empresse donc de vous présenter, avec mon respect, tous les remercîments que je vous dois pour toutes vos bontés, dont je vous prie de croire que je sens tout le prix. Soyez assurée que j'en porterai toujours et partout le souvenir et la reconnaissance, et que je m'estimerai très heureux si je pouvais trouver les occasions de vous prouver, par des faits, la vérité et l'étendue des sentiments dont je suis pénétré à votre égard. Je chercherai soigneusement ces occasions, mais je vous prie, Madame, de vouloir bien encore me les fournir vous-même et m'aider à satisfaire, de la manière que je le pourrai, à ce que (je vous le répète) mon devoir et mon cœur à la fois m'imposent.

« Mon voyage a été heureux jusqu'ici, mais infiniment lent, à cause du manque de chevaux, les routes étant encombrées de troupes, et de nous-mêmes, qui nous suivons les uns sur les autres, sans cependant pouvoir nous voir, quoique nous nous rencontrions dans un même endroit. Je compte être dans trois jours à Béziers, lieu de ma destination, à 200 lieues de Paris, à très peu de distance de la frontière d'Espagne, du côté de Perpignan. On nous dit que c'est une ville située dans un pays agréable, de sorte que la solitude sera compensée par l'aménité des lieux.

« *Celui* qui nous a précédés tous dans le départ est plus avancé sur la même route que nous tenons ; mais j'ignore le lieu où il devra s'arrêter. Si le malade que j'ai laissé dans votre ville[1] y est encore, je vous prie de lui présenter mes plus tendres compliments en saluant aussi son bon et digne propriétaire. J'ose vous prier aussi de saluer de ma part la Supé-

---

[1] Le cardinal Pignatelli.

rieure de la Charité et ses sœurs, Mme Émilie et Mme Julie. Je vous prie de vouloir bien présenter mes hommages à Mme votre mère et à Mlle votre nièce.

« Je ne finirai pas ma lettre, sans vous demander la continuation de vos bontés pour moi, vous assurant que je serai infiniment flatté si vous daignez m'inscrire au nom de vos amis et dévoués serviteurs.

De mon côté, je serai toujours avec la considération la plus distinguée et avec la plus grande estime et reconnaissance,

« Madame,
« Votre très humble, etc.
« H. CARD. CONSALVI. »

Toulouse, 7 février 1814.

A Mme Émilie de Perthuis,
rue Saint-Merry, à Fontainebleau.

« MADAME LA COMTESSE,

« Cette lettre apportera pour le premier jour de la nouvelle année mes félicitations et les vœux ardents que je forme pour votre bonheur. Je ne puis oublier les obligations et les services que j'ai contractés dans des temps bien malheureux, et l'extrême bonté avec laquelle vous avez couru de grands risques pour rendre de généreux services. Je voudrais bien pouvoir vous prouver par des faits ma véritable reconnaissance, et je vous conjure de ne m'épargner point lorsqu'il s'agit de votre service...

« Je suis.....

« H. Card. Consalvi. »

« Porto-d'Anzo, 10 décembre 1813. »

IX

Arrêté du Gouvernement Provisoire

« Le Gouvernement Provisoire, apprenant avec douleur que des obstacles ont été mis au retour du Pape dans ses États et déplorant cette continuation d'outrages dont on abreuve depuis si longtemps le chef courageux que l'Église redemande, ordonne que tout empêchement à son voyage cesse à l'instant et qu'on lui rende dans sa route les honneurs qui lui sont dus.

« Donné à Paris, le 2 avril 1814.

« Le prince de BÉNÉVENT.
Le général BEURNONVILLE.
François JAUCOURT.
L'abbé de MONTESQUIOU.
Le duc de DALBERG. »

Archives Nationales. F⁷ 6530.)

X

Correspondance du Commandant Lagorsse [1]
et du duc de Rovigo, sur le voyage du Pape

(Janvier-mars 1814)

A

Ordre du duc de Rovigo au Commandant Lagorsse

« 21 Janvier 1814.

« *Expédié secrètement de suite*

« A M. Lagorsse, chef d'escadrons, adjudant du palais impérial de Fontainebleau. »

« Je vous adresse, Monsieur, les passeports et les fonds nécessaires pour conduire à Savone le Pape et M. l'archevêque d'Édesse [2] ; vous prendrez les

---

[1] Presque tout le monde et M. le comte d'Haussonville aussi, qui a eu cependant entre les mains un certain nombre de papiers du commandant Lagorsse, écrit ce nom : « Lagorse », ou : « Lagorce ». Je lui restitue son orthographe véritable, telle que la donnent toutes les signatures manuscrites du commandant lui-même, au bas des lettres inédites que l'on va lire.

[2] Mgr Bertalozzi.

précautions que vous jugerez convenables pour que votre voyage se fasse sans accident, et vous éviterez toutes les scènes qui pourraient politiquement vous amener des désagréments. Vous persuaderez au Pape que vous le menez à Rome. Il ne manquera pas d'objecter beaucoup de choses auxquelles vous trouverez des réponses. Je vous recommande de ne point séjourner dans les grandes villes ; attachez-vous à les traverser sans arrêter. Le Pape arrivé à Savone y sera traité comme précédemment... »

« Le duc de Rovigo. »

(*Archives Nationales.* F⁷ 6330.)

B

Lettre du commandant Lagorsse au duc de Rovigo

1°

« Lamothe-Beuvron, 25 janvier 1814.

« Monseigneur,

« Je suis arrivé hier au soir ayant fait en deux jours une trentaine de lieues par des chemins extrêmement mauvais... Au demeurant, si le reste du voyage se fait ainsi, nous n'aurons pas à nous plaindre. Une chose m'inquiète, parce qu'elle me retarde. Les hommages empressés que l'on rend au Saint-Père, et ceux qui lui ont été prodigués à Pithiviers m'ont fait perdre beaucoup de temps.

« L'auberge dans laquelle nous étions logés était pleine d'Anglais, d'Espagnols, de Russes, prisonniers; de gardes nationales. Tout cela ajouté à la curiosité des habitants, aux visites du curé, du maire, du sous-préfet, de leurs femmes, de leurs enfants, au baisement de mains, à la bénédiction. Tout cela ne laisse pas que d'embarrasser, et il faut une forte dose de patience et d'adresse pour abréger toutes ces démonstrations. Je suis obligé de dire, — et en cela je me conforme à mes instructions, — pour éviter le bruit, qu'il importe également à Sa Sainteté et à l'Empereur que le Pape soit à Rome le plus tôt possible. A ce prix, on entend mieux raison et on nous laisse passer avec quelques importunités de moins...

« J'ai l'honneur d'être, de votre Excellence...,

« LAGORSSE. »

2°

« Morterolle, 27 janvier 1814.

« MONSEIGNEUR,

« Je suis arrivé ce soir à Morterolle, j'irai coucher demain à Pierre-Bussière, après demain à Brives...

J'ai eu, ce matin, beaucoup de peine à me débarrasser des importuns hommages qui me retardent. Les vêtements du *Personnage* le décèlent, et le bruit de notre arrivée nous précède. M. le maire d'Argenton voulait nous donner une garde d'honneur, faire visite en corps, etc. Je lui ai fait entendre que l'incognito que nous gardions ne devait pas être violé par lui et qu'il convenait aux intérêts de l'une et l'autre puissance. A ce prix, je m'en suis débarrassé.

« C'est pour vous prouver ma fidélité à l'Empereur et mon profond respect pour vous, que j'ai essayé la mission que vous m'avez prescrite. Si j'ai le bonheur d'arriver au terme du voyage, je vous prie de me dispenser d'y séjourner. Ma position, si j'y restais, serait si équivoque et si fausse qu'il me serait désormais impossible d'y rendre service à personne ; et j'avoue que je ne saurais ni *supporter* ni *m'exposer* à une juste méfiance. Je vous supplie donc, Monseigneur, de m'y faire trouver un remplaçant. Je m'estimerai plus heureux dans les derniers rangs d'un régiment de cavalerie qu'à mon poste. Je pourrai fatiguer davantage, mais mon âme sera calme...

« J'ai l'honneur d'être...

« LAGORSSE. »

3°

« Orgon, 7 février 1814.

« Monseigneur,

« Je suis arrivé hier au soir à Orgon, et j'en vais partir à l'instant. Je ne voulais même vous écrire que de Nice ; mais un courrier que le cardinal Dougniany (*sic*) m'a expédié de Lunel me force à faire attendre mes chevaux.

« J'avais eu l'honneur de vous écrire que je ne ferais pas au-delà de huit à neuf postes par jour et de vous prier de ne pas me faire suivre de trop près et cependant, si je remets au prélat Bertatzoli (*sic*) une lettre qui lui apprend que les cardinaux de quatre en quatre sont envoyés dans divers endroits de la Provence, le Pape devine le terme de son voyage, et il n'a qu'un mot à dire pour que notre ministère se trouve dans la plus critique position.

« Si vous étiez témoin du concours qui se presse sous ses pas, vous en seriez étonné. Triomphe ne fut jamais plus complet. Corps constitués, clergé, musique, dais, bannières, tout en est, et il est impossible d'empêcher cet éclat et ces démonstrations, autant qu'il est impossible de faire rétrograder le Rhône...

« Le Pape est un peu fatigué, il faudra le laisser

reposer un jour ou deux ; les dévots qui le viennent voir de vingt lieues, lui apprendront que les cardinaux arrivent ; il pourra vouloir les attendre, et si dans un moment d'humeur il forme un projet contre vous, contre moi, il sera maître de l'exécuter. Toutes les forces militaires de la Provence n'auraient pas le quart du poids que lui donne son influence.

« La foule est si grande, près de nos voitures, qu'on les brise à chaque instant. Ma voix est éteinte à force de la prodiguer. Je suis partout autant que le comportent des forces humaines... Je ferai de mon mieux ; la fortune décidera des événements.

« J'ai l'honneur d'être...

« Lagorsse. »

4°

« Tourves, 8 février 1811, 6 h. 1/2 du matin.

« Monseigneur,

« Malgré tous les embarras et les retards de la route, je voyageais et j'espérais le succès, quand j'ai appris hier au soir que le Pape connaissait l'arrivée du cardinal Dougnany (sic) à Lunel, par la voie de son valet de chambre qui a reçu un billet adressé par le valet de chambre du cardinal, avec un paquet de linge que l'on avait oublié dans une auberge. Cette circonstance que j'ignorais, en vous écrivant hier, m'a vivement affligé. De toutes les contrariétés, celle-là est la plus imprévue et la plus douloureuse. Le Pape veut un jour ou deux de repos à Nice. Je conviens moi-même qu'il en a besoin. Parviendrai-je à le persuader, j'en doute. Je vous assure qu'il sera plus maître mille fois que vous, si malheureusement sa tête s'exalte, et s'il prend un parti. Il n'a qu'un mot à dire secrètement à tel prêtre que ce soit, et le lendemain il saura des cardinaux qui nous suivent tout ce qu'il voudra.

« Je suis bien fâché que, malgré ma lettre datée de Lamothe-Beuvron, qui vous annonçait que je ne ferais que huit postes par jour, vous ayez cru devoir vous débarrasser si promptement de leurs Éminences. Et cependant je voyage tant que je peux ; je ne suis arrivé hier au soir qu'à neuf heures, et on n'avait pas soupé ; on n'était pas au lit à minuit. Enfin, à quoi sert d'accuser la fatalité ! Je parlerai, j'agirai de mon mieux.

« J'ai l'honneur d'être...

« Lagorsse. »

« P.-S. En ce moment le Pape me fait dire qu'il me parlera ce soir. Gare ! »

5°

« Nice, 9 février 1814.

« Monseigneur,

« Rien n'égale l'enthousiasme avec lequel le Pape a été reçu ici. Toutes les autorités l'ont reçu au pont du Var. Clergé, pénitents, processions, illuminations, gardes à pied, à cheval, tout était en l'air. Des milliers de cierges éclairaient la scène. Le Saint-Père a été conduit à l'église en grand cortège. Le peuple a traîné sa voiture, et rien n'eût pu comprimer cet élan spontané ; son Altesse la princesse Borghèse a fait demander une entrevue et envoyé un chambellan complimenter.

« Spectateur de toutes ces scènes, je me suis tu... Il est possible que tout cet enthousiasme s'évapore ; mais, si les circonstances deviennent pénibles, vous regretterez ce voyage.

« Nous suivrons la rivière de Gênes ou, plutôt, nous ferons la procession. Je n'ai pas pu, ce soir, entretenir le Pape en particulier : les hommages qu'on lui prodiguait l'ont dérobé à mes yeux...

« J'ai l'honneur d'être...

« Lagorsse. »

6°

« Savone, 17 février 1814.

« Monseigneur,

« Votre Excellence m'a transmis le 22 janvier dernier les ordres de l'Empereur. Sa Majesté a voulu que S. S. revînt à Savone. Ses ordres sont exécutés...

« A Beaucaire et à Bazas, les politesses ont été expressives ; là, pour la première et la dernière fois (?) dans l'ancienne France, les dais ont été déployés, et le son des instruments de musique s'est mêlé au son des orgues et au bruit des cloches.

« A Nice, les démonstrations ont été extrêmes, et l'empressement public est devenu une désagréable importunité. Le Pape, dans sa voiture, traîné par le peuple, a été conduit processionnellement à l'église où il a donné sa bénédiction.

« De Nice jusqu'à Savone, il a voyagé en chaise à porteur, et il n'y a eu aucun moyen de le dérober à la foule qui l'entourait. Des millions de bénédictions ont été données et reçues. Les chemins sont encore jonchés

« Des fleurs dont, sous ses pas, on les avait semés ».

« Mais, enfin, le voyage est terminé heureusement.

« Maintenant, Monseigneur, permettez-moi de vous communiquer mes idées. J'y attache la plus haute importance, comme militaire, comme sujet, comme Français. Je vous prie de les lire avec quelque attention et de les communiquer à l'Empereur. Si Sa Majesté daigne me lire, elle pourra blâmer mes vues, mais elle en appréciera les motifs, et j'aime mille fois mieux une étincelle de son estime que tout l'éclat de ses faveurs.

« Si je n'eusse pas empêché la lettre du cardinal Dougniany (sic) d'arriver à son adresse, si le peuple de la rivière de Gênes eût douté de notre destination pour Rome, si le Pape eût voulu se débarrasser de moi, avec ou sans violence, et donner à sa route la direction qui lui eût convenu, nulle force, nulle puissance ne l'eût empêché. A moins d'avoir une armée, je ne crois pas qu'on puisse lui faire repasser les Alpes ; et je ne m'en chargerais pas, l'empereur détachât-il une province de sa Couronne. Si le fanatisme s'exaltait, si le Pape disait un mot, les derrières de l'armée d'Italie que les circonstances politiques troublent déjà beaucoup, et qui peuvent être pris d'un instant à l'autre, seraient, en un clin d'œil, infestés. Et voilà le prisonnier d'État que vous mettez presque aux avant-postes !

« Le Pape m'a dit en propres termes que l'empereur lui ferait injure en lui supposant des idées de vengeance et de haine. Je n'entre pas dans le fond de sa pensée, mais au point où en sont les choses j'ose dire que le Pape dans ses États, ligué, confédéré avec toute l'Europe contre nous, usant de toutes ses armes spirituelles et temporelles, est mille fois moins dangereux qu'il ne peut le devenir, par toutes les idées qui s'attachent à son séjour ici et par sa position derrière le vice-roi.

« Quant à moi, Monseigneur, qui n'ai été presque ici, près de Sa Sainteté, qu'un médiateur commun et qui ai dû à ma conduite dans cette circonstance et sa bienveillance et les éloges de notre Souverain, je crois ma mission finie. Je l'ai remplie sans me reprocher rien. Je serais inconsolable si quelque changement survenait dans de tels sentiments. Je ne voudrais pas que le Pape pût me reprocher de l'avoir trompé, je vous prie donc de me rappeler...

« J'ai l'honneur d'être, avec un profond respect...

« LAGOUSSE. »

7°

« Savone, 16 mars 1811.

« Monseigneur,

« Je viens de recevoir votre lettre du 11 courant et, conformément à ce qu'elle me prescrit, j'ai dit au Pape que l'empereur consentait au retour de S. S. à Rome, et qu'il m'était ordonné de la remettre au-delà de Parme, aux avant-postes napolitains.

« En conséquence, je partirai d'ici incessamment.

« J'ai l'honneur d'être...

« Lagorsse. »

(*Archives nationales.* F⁷ 6530.)

XI

Papiers du Pape et des Cardinaux

On trouve, aux Archives nationales, parmi les nombreux documents de la police impériale concernant les affaires ecclésiastiques, quelques renseignements sur les « Cardinaux noirs ». Mais leurs papiers saisis et gardés pendant un temps ne s'y trouvent plus, comme il appert de la note suivante, écrite sur une chemise des pièces contenues dans le carton 6530 de la série F7 :

« Tous les papiers appartenant à Sa Sainteté qui avaient été saisis, tant à Rome qu'à Savone, et tous ceux appartenant à MM. les Cardinaux romains et aux personnes attachées à la personne ou à la maison de S. S., avaient été remis à M. le conseiller d'État Réal, qui avait été chargé d'en faire l'examen et qui, à la suppression des arrondissements (de police), les avait fait remettre dans les Archives du ministère; — tous ces papiers ont été remis à M. *de Grégorio*, qui s'est engagé à en faire lui-même la remise aussitôt son arrivée à Rome, tant à S. S. qu'à Messieurs les Cardinaux. — Mai 1814. »

TABLE ALPHABÉTIQUE

A

Agliano (Galeani d'), 141.
Agliano (René d'), 141.
Albani, 38.
Albéroni, 80.
Almenara (marquis d'), 248-250.
Altieri, 156.
Alzon, 204.
Amélie d'Anhalt, 4.
Amélie de Saxe, 4.
André, 133.
Anne de Russie, 4.
Arrazat, 205.
Artaud de Montor, 27-34.
Astros (abbé d'), 94-104-111-114-124-126-131-152.
Audiffret, 110.
Aviau (Mgr d'), 9.
Aynès, 138.

B

Barral (de), 13.
Barante (de), 41.
Bassano (duc de), 49.
Bayane (cardinal de), 38-175.
Beaudinet de la Salle, 110.
Bénévent (Prince de). Voir *Talleyrand*.
Benoit XIV, 222.
Berbis (de), 187.
Bernetti, 229.
Berry (duc de), 246.
Berry (duchesse de). Voir *Caroline*.
Bertalozzi, 267-271.
Bertaud du Coin, 109-111-138.
Berthier, 6-14-145-228.
Beurnonville, 200-206-265.
Bianchi, 133.
Bigot de Préameneu, 47-48-51-52-79-87-196.
Boislesve, 13.
Bonald (de), 104.
Bonaparte. Voir *Napoléon*.
Bonaparte (le roi Jérôme), 12-210.
Bonaparte (le prince Jérôme), 6.
Bonaparte (Joseph), 58-83-226.
Bonaparte (Louis), 210.
Bonaparte (Lucien), 210.

BONAPARTE (Pauline), 208-210.
BONNEFOI (de), 103.
BORDEAUX (duc de), 246.
BORDIER, 111.
BORGHÈSE (prince de), 141.
BORGHÈSE (princesse de), 274.
BOUCARD, 94.
BOURBON (cardinal de), 82.
BOURBON (François de Paule), 110.
BOURGEOIS DE TESSAINT, 69.
BOURLIER, 13.
BRANCADORO (cardinal), 43-61-63-64-92-96-121-133-177-182-198-217-237-243-260.
BRASCHI, 240.
BRIMONT (de). Voir *Ruinard*.
BRUNO-LANTERIE, 141.
BRUYÈRE (abbé de la), 109-110-115.
BUFFON, 62.
BUSONY, 133.

C

CAMBACÉRÈS (cardinal de), 38.
CAMBACÉRÈS (prince de), 12-13-19-32-170.
CAMPO ALANGE (duc de), 248-249-250-251-252-254-255.
CANAVERI, 13.
CAPEFIGUE, 6.
CAPPA, 141.
CAPRARA (cardinal), 38.
CARCADO (de), 168.
CAROLINE DE DANEMARCK, 4.

CAROLINE DE NAPLES (duchesse de Berry), 246.
CAROLINE DE SAXE, 4.
CASELLI, 68-150.
CATHERINE DE RUSSIE, 4.
CHALAIS (prince de), 108.
CHAMIADE, 108.
CHAMPAGNY (duc de Cadore), 48-58-110-248-250-255-256-258.
CHAPONAY (de), 113.
CHAPPE, 88.
CHARBONEL, 141.
CHARLES IV, ROI D'ESPAGNE, 59-110.
CHARLOTTE DE BAVIÈRE, 4.
CHATEAUBRIAND, 115.
CHIÈSE (de), 139.
CHIMAY (de), 104-115-130.
CHOISEUL (de), 104.
CHOTARD, 51.
CLAVIER, 113.
CLÉMENT XIII, 229.
CLÉMENT XIV, 229.
CLORIVIÈRE (père de), 160.
COCHE, 88.
COLMET DE SANTERRE, 21-231-232.
CONSALVI (cardinal), 30-33-35-43-45-47-52-58-59-61-63-64-81-92-94-95-96-98-121-126-131-133-151-155-173-174-176-177-178-182-184-198-209-218-240-243-253-254-255-256-259-261-263-264.

Cordero (Vouzo), 141.
Cordoue (de), 104.
Corpet, 13-18.
Cossé-Brissac (de), 69.
Couteulx (Le), 69.
Coz (Le), 65.
Crétineau-Joly, 96.
Croissy (de), 104.

D

Dalberg (de), 200-206-265.
Dansers, 11.
Delart, 10.
Desjardins, 104.
Desmarest, 159.
Despuig (cardinal), 38-43-122.
Doria (cardinal Antoine), 38.
Doria (cardinal Joseph), 38-175.
Doudeauville, 137.
Dugnani (cardinal), 38-43-175-198-259-271-272-276.
Dugué, 186.
Dunez, 69.
Dupont, 111.
Dupont de Nemours, 200-206.
Duras (Claire de Kersaint, duchesse de), 116.
Duras (Louise de Noailles, duchesse de), 104-116.
Duroc, 6-14.
Duvoisin, 13.

E

Emery, 13.

Enghien (duc d'), 154.
Erskine (cardinal), 38-43-81.
Eusèbe (saint), 60.

F

Faudoas (de), 66-67.
Fénelon, 113.
Ferdinand Ier, roi de Naples, 245-246.
Ferruchi, 76.
Fesch (cardinal), 5-6-13-14-16-20-22-25-35-38-52-110-123-124-210.
Fitz James, 115.
Fontana, 13-27-114-115-152-153-154-156.
Forest (La), 58-187-247-248-250-252-253-254-255.
Fouché, 37-51-52.
Frain, 69.
Franchet d'Esperay, 110-138.
François Ier, empereur d'Autriche, 24-25-26-245-246.
François de Lorraine, 245.
Fresnoy (de), 182.

G

Gabrielli (cardinal), 43-61-63-73-74-75-121-129-153-154-156-168-174-198-204-218-238-243-260.
Galeffi (cardinal), 43-61-63-78-81-82-117-198-204-218-240-243-259.

GALLO (marquis de), 256-257-258.
GAUDIN (duc de Gaëte), 255.
GEY, 237.
GOMART, 83,
GOUJON, 110.
GOUPY, 133.
GRÉGOIRE, 65.
GRÉGOIRE XVI, 217-220-226.
GRÉGORIO (de), 114-152-153-156-158-279.
GROSBOIS (de), 103-129-187.
GROSBOIS (Mme de), 129.
GUÉNEAU D'AUMONT, 69.
GUIGNICOURT (de), 94.
GUIGOU, 115.

H

HAULET (d'), 103-110.
HAUSSONVILLE (comte d'), 48-267.
HENRI V, 180.
HÜE DE GROSBOIS, 58-247-256-258.
HUMBERT, 114.

I

ISOARD, 123.

J

JAUCOURT (de), 200-206-265.
JOSÉPHINE, 3-4-5-15-16-21-23-34-39-231-232.
JULIE DE DANEMARCK, 4.

L

LABBÉ, 76.
LACALPRADE, 127.
LACROIX, 10.
LAGORSSE, 184-186-192-201-267-268-269-270-272-273-274-277-278.
LAMENNAIS, 86.
LAURENT, 79.
LAVAL (vicomtesse de), 137.
LAVALETTE, 114.
LEBLANC DE BEAULIEU, 67.
LEBZELTERN, 149.
LECLERC, 104-119.
LEFEBVRE, 221.
LEGRIS-DUVAL (l'abbé), 103-104-117-120-137-159.
LEJEAS, 13.
LÉON XII, 217-220-226-229.
LÉOPOLD II, 245.
LÉOPOLDINE DE HESSE, 4.
LÉPINE, 196.
LEUSSE (de), 120.
LION, 94.
LITTA (cardinal), 43-55-61-63-83-85-134-145-168-177-198-220-238-243-259.
LOMÉNIE (de), 103.
LORIQUET, 67.
LOUIS XVI, 39-80-103-113-245.
LOUIS XVII, 245.
LOUIS XVIII, 140-206.
LOUIS NAPOLÉON, 58.
LOUIS-PHILIPPE, 246.

Louise de Danemarck, 4.
Lucotte, 123.

M

Mac-Carty, 139.
Maillis (des), 187.
Maistre (Joseph de), 40.
Malouet, 69-84-161.
Mannay, 13.
Marie-Amélie de Naples, 246.
Marie-Amélie de Saxe, 4.
Marie-Antoinette d'Autriche, 113-115-245.
Marie-Auguste de Saxe, 4.
Marie-Caroline d'Autriche, 245-246.
Marie-Clémentine d'Autriche, 246.
Marie-Isabelle d'Espagne, 4.
Marie-Louise d'Autriche, 4-21-27-40-144-145-146-171-233-242-246.
Marie-Louise Béatrix d'Autriche, 4.
Marie-Louise d'Espagne, 245.
Marie Leczinska, 115.
Marie-Thérèse d'Autriche, 39-245.
Marie-Thérèse de Naples, 245-246.
Marie-Thérèse de Portugal, 4.
Marini, 156-157.
Marquessac, 127.
Martin V, 31.

Mathe (Le), 107.
Mattei (cardinal), 43-53-61-63-64-78-86-87-112-145-174-177-193-198-205-206-222-223-235-243-259.
Maury (cardinal), 13-38-65-125-127-128-151.
Mazenod, 103-105.
Méchain, 69.
Mécheneur (de), 193-259.
Mecklembourg (Hélène de), 246.
Metternich, 6-24-25-145.
Montarco, 249.
Montboissier, 104.
Montebello (duchesse de), 145.
Montesquiou (abbé de), 200-206-265.
Montjoie, 114.
Montmorency (Adrien de), 103-117-130-147.
Montmorency (Eugène de), 102.
Montmorency (Mathieu de), 102-136-138-139-140.
Morelli, 110.
Murat, 58-256-258.

N

Napoléon, 1-2-3-4-8-9-11-14-15-16-18-20-22-23-27-29-31-32-34-35-37-40-42-44-45-46-47-52-62-70-72-73-91-98-112-115-140-143-144-145-146-147-151-

152-154-155-157-163-164-165-
166-167-169-171-173-182-184-
190-199-206-207-209-210-218-
220-223-225-231-232-233-245-
246.
NOAILLES (Alexis de), 102.
NOBLET, 69-87.
NOEL, 185.

O

OPPIZONI (cardinal), 43-47-61-
63-73-76-129-153-154-155-156-
177-198-223-240-243-259.
ORLÉANS. Voir *Louis-Philippe*.
ORLÉANS (duc d'), 246.
ORTOLI, 29.
OTTO, 25.

P

PACCA (cardinal), 11-82-89-122
171-172-174-175-177-178-196-
198-205-207-208-209-259.
PALME (de La), 103-111.
PAOLA, 141.
PARAVICINI, 104-111-113.
PARIS (comte de), 246.
PASCAL II, 180.
PASQUIER, 27-114-159.
PATTERSON, 12-22.
PAUL Ier, 220.
PERREAU, 103-108-109-110-111-
113-114-131.
PERTHUIS (de), 182-183-261-263.

PHILIPPOTEAUX, 69.
PIE VI, 80-106-217-218-219-220-
224-225-240.
PIE VII, 5-12-22-23-31-34-56-72-
96-106-108-109-137-147-149-
150-152-153-162-164-166-168-
169-174-176-177-178-181-182-
185-187-191-198-208-220-224-
225-227.
PIE VIII, 217-220-226-229.
PIETRO (cardinal de), 30-43-
61-63-64-72-75-77-105-109-
129-137-153-154-155-156-168-
174-175-177-178-185-186-209-
224-239-243.
PIGNATELLI (cardinal), 30-43-
61-63-64-78-86-87-145-177-
178-197-224-236-243-262.
POIX (de), 104.
POLIGNAC (de), 119-140.
PONSARD, 70.
PONZONE, 141.
PORTALIS, 6.
PRÉGNON, 83.

Q

QUINSONAS (de), 104-113.

R

RAFFIN (de), 104-110.
RÉAL, 81-119-124-279.
REBOUL (de), 112.

Recorbet 110-138.
Rémusat (de), 6-70.
Rey, 103-111.
Reymond, 66.
Rianderie (de la), 94.
Ripoux, 138.
Rivière (de), 140.
Rivière (de La), 75.
Rochefoucauld (de La), 137.
Rochefoucauld (comte de La), 58.
Rome (roi de), 21-233-246.
Roucy (de), 103.
Roussy (de), 103.
Roverello, 38.
Roy (Le), 70.
Rudemare, 13-18.
Ruffo (cardinal Fabrice), 38-175-226.
Ruffo-Scilla (cardinal Louis), 43-61-63-83-84-145-161-177-182-198-221-225-243-260.
Ruinard de Brimont, 130.
Rusaud, 108.

S

Sabelli, 186.
Saint-Fargeau, 104-119.
Saisseval (de), 104-119.
Salles (de), 104.
Saluzzo (cardinal), 30-43-61-63-64-78-81-82-112-177-198-226-237-243-260.
Savary, duc de Rovigo, 66-84-108-112-124-126-127-129-131-135-138-157-158-160-161-167-195-201-205-267-268.
Schwarzenberg, 24.
Scotti (cardinal), 43-61-78-79-133-177-198-227-238-243-260.
Séguier, 112.
Ségur, 211.
Selve (de), 103.
Serres (de), 139.
Sigismond (Mgr), 25-26.
Somaglia (cardinal della), 33-34-43-48-61-63-78-79-81-112-133-174-198-228-236-238-243-259.
Sophie de Saxe, 4.
Soyecourt (de), 105-106-158-161.
Spina (cardinal), 38-150.
Staaps, 3.
Stael (de), 80.

T

Talleyrand, prince de Bénévent, 6-14-187-200-201-206-265.
Thérèse de Saxe, 4.
Thierry, 8-9.
Thiers, 167-187.
Thuisy (de), 94-103-117-118-121-130-131.
Torlonia, 121.
Tournefort, 103-111-112.
Turenne, 62.

V

Vanney, 110.
Varenne, 75.
Vauban, 62.
Verde du Vallon (de La), 113.
Villèle (de), 138-139.
Vincenti, 38.

W

Wurmser, 222.

Z

Zondarini, 38.

TABLE DES MATIÈRES

Avant-propos 1

CHAPITRE PREMIER

LE DIVORCE

L'hérédité de l'Empire. — Les princesses nubiles. — La théologie de l'Empereur. — Le divorce. — Les sentences des Officialités. — Casuistique autrichienne 4

CHAPITRE II

LE MARIAGE

Les cardinaux italiens à Paris. — Le mariage de Napoléon et de Marie-Louise. — Abstention de treize cardinaux. — Mesures violentes prises contre eux. — *Rouges* et *Noirs*... 29

CHAPITRE III

LES EXILÉS

Les villes d'exil. — Autorités civiles et religieuses. — Vie des cardinaux internés. — La municipalité de Sedan. — Les *Te Deum* du cardinal Ruffo-Scilla. — Gallicans et ultramontains. — Les *Mémoires* de Consalvi...................... 61

CHAPITRE IV

LES FIDÈLES

L'œuvre des Cardinaux noirs. — La *Caisse des Confesseurs de la Foi*. — Un ouvrier catholique. — Les femmes chrétiennes. — Le chevalier quêteur. — Les dénonciations du cardinal Maury. — La terreur impériale. — Voyage de Mathieu de Montmorency. — Un déjeuner de Napoléon............ 99

CHAPITRE V

LA REVANCHE

Pie VII à Savone. — Séjour à Fontainebleau. — Mise en liberté des Cardinaux noirs. — Leur fermeté et la rétractation du Pape. — L'année 1813. — Le lever de l'Empereur. — Dispersion. — Les attentions du duc de Rovigo. — Exil dans le Midi. — Le Gouvernement provisoire. — Le dernier mot de la Providence.................................... 149

PIÈCES JUSTIFICATIVES

I. — Notices biographiques sur les Cardinaux noirs. 217
II. — Le divorce de l'Empereur et le Code Napoléon. 231
III. — Renseignements de police sur les Cardinaux habitant Paris 235
IV. — Domicile des Cardinaux a Paris.............. 243
V. — Alliance de Napoléon; parenté du roi de Rome. 245
VI. — Séquestre des biens des Cardinaux dans les royaumes d'Espagne et de Naples............ 247
VII. — Liste des officiers et sous-officiers accompagnant les Cardinaux....................... 259

TABLE DES MATIÈRES

VIII. — Lettres du cardinal Consalvi a la comtesse Émilie de Pertruis....................	261
IX. — Arrêté du Gouvernement provisoire............	265
X. — Correspondance du commandant Lagorsse et du duc de Rovigo, sur le voyage du Pape.......	267
XI. — Papiers du Pape et des cardinaux............	279
Table alphabétique.............................	281

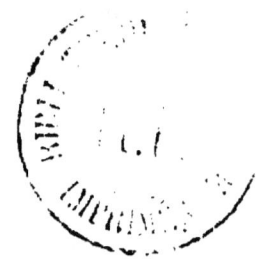

TOURS

IMPRIMERIE DESLIS FRÈRES

6, RUE GAMBETTA

www.ingramcontent.com/pod-product-compliance
Lightning Source LLC
Chambersburg PA
CBHW071129160426
43196CB00011B/1836